目次

介護保険のことば

2024

法文解釈の手引き

第5章　介護支援専門員並びに事業者及び施設

第9章　その他

凡　例

○　本書で用いる法令名等の略称は、次の通りです。

「　法　」……介護保険法
「施行法」……介護保険法施行法
「施行令」……介護保険法施行令
「施行規則」……介護保険法施行規則
「算定政令」……介護保険の国庫負担金の算定等に関する政令
「算定省令」……介護保険の医療保険者の算定等に関する省令
「調交省令」……介護保険の調整交付金の交付額の算定に関する省令
「国保法」……国民健康保険法
「国保法施行令」……国民健康保険法施行令
「国保法施行規則」……国民健康保険法施行規則
「高確法」……高齢者の医療の確保に関する法律
「住基法」……住民基本台帳法

○　参照として記載している条文等は、主なものです。
○　本書の内容は、原則として令和六年三月末時点の法令等を基に作成しております。

第1章　概要

介護保険制度

参照
・介護保険法

介護保険制度は平成九年一二月に制定された介護保険法に基づく制度で、平成一二年四月から実施されている。それまでは特別養護老人ホームやデイサービス、ショートステイ、ホームヘルプなどの老人福祉制度と、訪問看護、デイケア、老人保健施設などの老人保健制度の二つの制度が別々にサービスを提供していたが、それらを一つの社会保険として統合することで、福祉と医療の連携強化、被保険者によるサービスの選択、給付と負担の明確化などが図られることとなった。

平成一五年には初めての保険料の改定と第二期介護保険事業計画の策定が行われ、平成一七年には介護予防の重視と施設給付の見直しを柱とする抜本的な見直しが行われた。その後も三年を一期とする介護保険事業計画の改定の年に合わせ、制度の見直しが行われる中で、地域包括ケアシステムの推進や、給付と負担の公平化等の措置が、累次にわたり講じられてきている。

介護保険制度では、▽保険者（運営主体）は市町村と特別区（東京二三区）▽被保険者は①第一号被保険者＝六五歳以上の者②第二号被保険者＝四〇歳以上六五歳未満で医療保険に加入している者▽保険給付は、①介護給付②予防給付③市町村特別給付となっている。

利用手続きは、被保険者やその家族、又はその依頼を受けた介護支援専門員（ケアマネジャー）などが、居住する市町村に要介護認定を申請し、市町村は市町村ごとに設置される保健・医療・福祉分野の専門家からなる介護認定審査会に審査判定を求め、介護認定審査会は認定調査員による調査の結果や、主治医の意見書を基に、審査した上であてはまる要介護状態区分・要支援状態区分（要介護度）を決定する。

認定は要支援一・二、要介護一から五までの七段階で行われ、居宅サービスの支給限度額は、五〇、三二〇円～三六二、一七〇円が基準となっている（これらはいずれも現物給付又は介護サービスを利用した後の事後払いにより給付され、現金給付は行われない）。

保険料は、①第一号被保険者は、所得段階別の定額保険料で、原則として受給している年金から天引きされ、その額は令和三年度から五年度までで月額平均六、二二五円となっている。②第二号被保険者は、被保険者が所属している医療保険の保険料と一括して徴収され、保険料は、医療保険と同様、国保の場合はその二分の一が公費負担で、被用者保険については原則として事業主と折半となる。また介護サービスを受ける者は、利用料として介護に要した費用の一割（一定以上所得者の場合は二割又は三割）と、施設に入所・入院している場合には居住費と食費、特別なサービス費、日常生活費等を合わせて負担することになる。

介護保険制度のしくみ

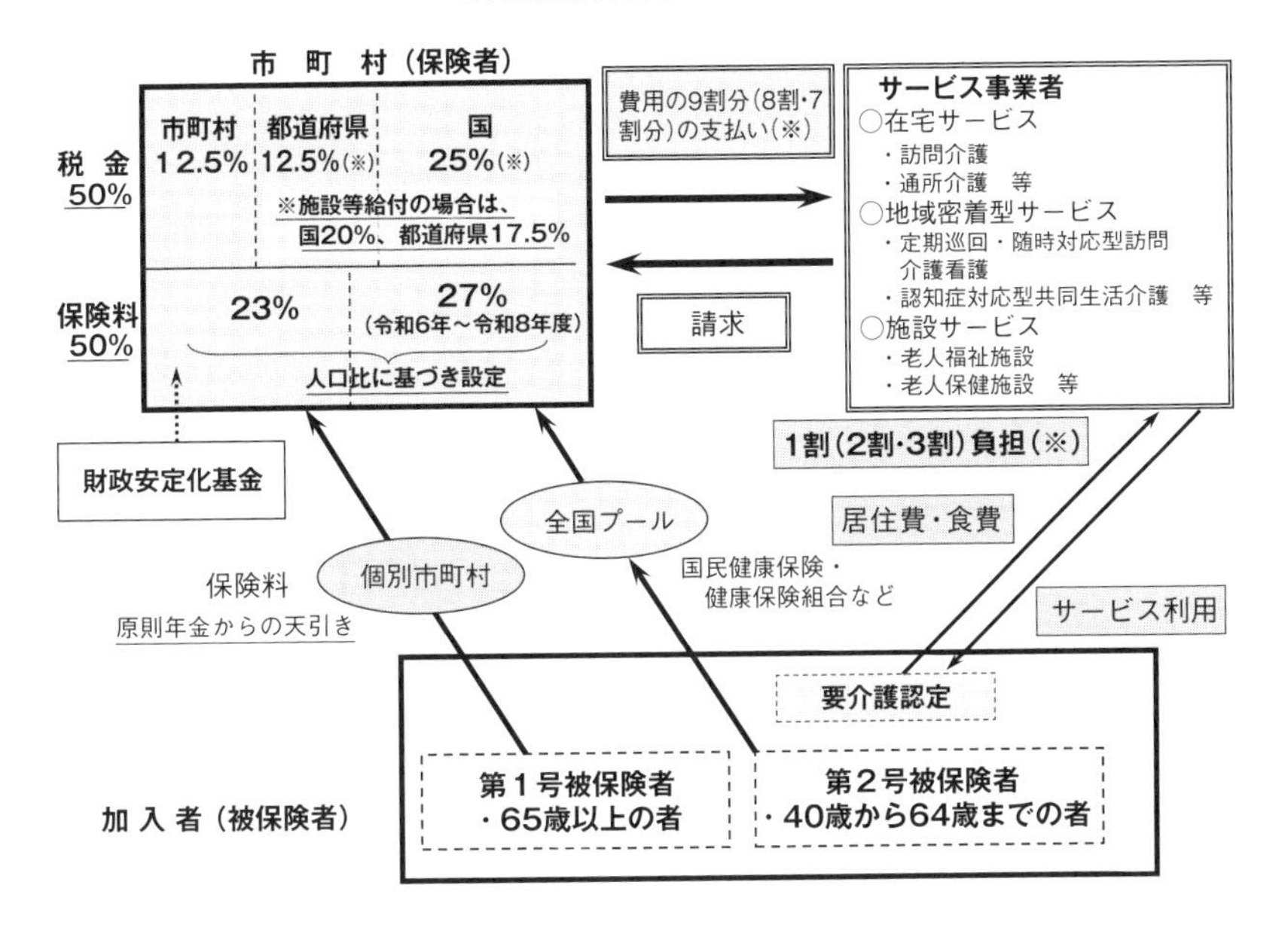

（※）一定以上所得者については、費用の２割負担（平成２７年８月施行）又は3割負担（平成30年8月施行）。

保険者

参照
・介護保険法　第三条～第六条

保険者とは、保険を運営して、保険給付を行う主体のことをいう。介護保険では、市町村及び特別区（以下「市町村」）を介護保険の保険者としている。市町村が運営することにより、住民に一番身近な自治体が、地域の実情を踏まえて制度を運営できる仕組みとなっている。

市町村が行う介護保険の事務は、地方自治法第二条第八項の自治事務にあたる。その主なものには、被保険者の資格管理に関する事務、要介護認定・要支援認定に関する事務、保険給付に関する事務、地域支援事業・保健福祉事業に関する事務、地域密着型サービス事業者等に関する事務、市町村介護保険事業計画の策定に関する事務、保険料の賦課・徴収に関する事務、関係条例・規則等の制定・改廃に関する事務、保険財政の運営に関する事務等がある。

その具体的な内容として、市町村は被保険者台帳を作成し、被保険者証を発行し、第一号被保険者に対して保険料を賦課・徴収し、要介護・要支援認定の申請を受け付け、認定を行い、保険給付の審査・支払いを直接的に、または、間接的に行う。また、介護保険事業計画を策定し、介護保険特別会計を設置して予算・決算の会計事務を行い、保険料率など法律の委任事項、保険給付の上乗せや保健福祉事業、地域密着型サービスの指定基準等の地域の実情に応じた事項を条例で定める。他にも、居宅介護支援事業所などの指定や指導監督なども行う。

また、介護保険制度では、国は、介護保険事業の運営が健全かつ円滑に行われるよう、保健医療・福祉サービスを提供する体制の確保に関する施策等の必要な措置を講じなければならないとされる。具体的には、制度全体の枠組みを設定し、要介護・要支援認定、保険給付、事業者・施設等の基準の設定や、負担金や補助金の支出などを行っている。また、都道府県は、必要な助言及び適切な援助をしなければならないとされ、介護保険事業支援計画の策定、市町村介護保険事業計画の作成に対する助言、事業所・施設の指定、財政安定化基金の設置、負担金や補助金の支出、介護サービス事業者経営情報の調査及び分析などを行っている。

さらに、医療保険者は、介護保険事業が健全かつ円滑に行われるよう協力しなければならないとし、具体的には第二号被保険者の保険料の徴収などを行っている。また、年金保険者も第一号被保険者の保険料の特別徴収等の協力をしている。

その他、地域包括ケアや地域共生社会の推進についての国と地方公共団体の努力義務や、認知症に関する施策の総合的な推進等についての国及び地方公共団体の努力義務も規定されている。

第2章　被保険者

被保険者

参照
・介護保険法　第九条～第一三条
・施行法　第一一条
・施行規則　第一七〇条

介護保険制度の適用を受ける者を、介護保険の被保険者という。被保険者の資格を有していることが、介護保険の給付を受ける前提となる。

介護保険では、日本に居住している四〇歳以上の者は、一部の例外を除き、その居住する市町村の介護保険の被保険者となる。四〇歳以上になると、加齢に伴う病気により要介護状態になる可能性が高まってくる等の理由によるものである。

介護保険制度では、次のいずれかに該当する者は、市町村が行う介護保険の被保険者とされる。

① 市町村の区域内に住所を有する六五歳以上の者（第一号被保険者）
② 市町村の区域内に住所を有する四〇歳以上六五歳未満の医療保険加入者（第二号被保険者）

①にある通り、第一号被保険者は、六五歳以上の市町村住民である。第一号被保険者は、市町村が保険料を賦課・徴収しなければならない対象となっている。そして、第一号被保険者は、要介護状態や要支援状態になったとき、市町村の認定を受けて、介護保険の給付を受けることができる。ここでいう要介護状態とは、身体・精神上の障害のために、日常生活での基本的な動作について一定期間継続して常時介護を要する状態であり、要支援状態とは、要介護状態の軽減・悪化防止のための支援を要し、又は日常生活に一定期間継続して支障がある状態である。

②の第二号被保険者は、年齢が四〇歳以上六五歳未満であり、医療保険加入者である市町村住民である。ここでいう医療保険加入者とは、次の医療保険各法の規定による被保険者、加入者、被扶養者のことをいう。

① 健康保険法
② 船員保険法
③ 国民健康保険法
④ 国家公務員共済組合法・地方公務員等共済組合法（共済組合）
⑤ 私立学校教職員共済法（私立学校教職員共済制度）

第二号被保険者の保険料については、各医療保険者が医療保険料と一体的に徴収し、社会保険診療報酬支払基金に納付し、支払基金から各市町村に交付する仕組みになっている。

第二号被保険者は、要介護・要支援状態にあり、かつ、その原因が加齢に伴う「特定疾病」によるものであるとき、市町村の認定を受けて、介護保険の給付を受けることができる。

なお、指定障害者支援施設等に入所するなどして適用除外となる者は、四〇歳以上六五歳未満の医療保険加入者又は六五歳以上の者であっても、当分の間、介護保険の被保険者としないこととされている。

特定疾病

参照
・介護保険法　第七条、第二七条
　　　　　　　第三二条
・施行令　　　第二条

特定疾病とは、法第七条第三項において、加齢に伴って生ずる心身の変化に起因する疾病のうち政令で定めるものとされており、第二号被保険者は、要介護認定等を受けるにあたっては、要介護状態の原因が特定疾病によって生じたものであることがその要件となる。その政令においては、特定疾病は次の通り規定されている。

① がん（医師が一般に認められている医学的知見に基づき回復の見込みがない状態に至ったと判断したものに限る）
② 関節リウマチ
③ 筋萎縮性側索硬化症
④ 後縦靱帯骨化症
⑤ 骨折を伴う骨粗鬆症
⑥ 初老期における認知症
⑦ 進行性核上性麻痺、大脳皮質基底核変性症及びパーキンソン病
⑧ 脊髄小脳変性症
⑨ 脊柱管狭窄症
⑩ 早老症
⑪ 多系統萎縮症
⑫ 糖尿病性神経障害、糖尿病性腎症及び糖尿病性網膜症
⑬ 脳血管疾患
⑭ 閉塞性動脈硬化症
⑮ 慢性閉塞性肺疾患
⑯ 両側の膝関節又は股関節に著しい変形を伴う変形性関節症

厚生労働省は、これらの特定疾病の選定基準の考え方について、「心身の病的加齢現象と医学的関係があると考えられる疾病であり、

① 六五歳以上の高齢者に多く発生しているが、四〇歳以上六五歳未満の年齢層においても発生が認められる等、罹患率や有病率（類似の指標を含む。）等について加齢との関係が認められる疾病であって、その医学的概念を明確に定義できるもの。
② 三から六カ月以上継続して要介護状態又は要支援状態となる割合が高いと考えられる疾病。

という二つの要件のいずれも満たすものにつき総合的に勘案し、加齢に伴って生ずる心身の変化に起因し、要介護状態の原因である心身の障害を生じさせると認められる疾病である」としている。

要介護・要支援認定において、第一号被保険者は、要介護・要支援状態にあれば認定を受けることができる一方で、四〇歳以上六五歳未満の第二号被保険者については、要介護・要支援状態にあることに加えて、その要介護・要支援状態の原因である身体上又は精神上の障害が特定疾病によって生じたものであることが求められる。

介護保険被保険者証

参照
・介護保険法　第一二条
・施行規則　第二六条、第二七条
　　　　　　第二八条、第三二条

市町村は、全ての第一号被保険者に対して被保険者証を交付しなければならないとされている。また、第二号被保険者については、要介護・要支援認定の申請を行った者や、被保険者証の交付を求めた者に対しては、被保険者証を交付しなければならないとされている。

被保険者証は、被保険者が介護サービス・予防サービス等を受けるにあたって、事業者や施設に提示することが義務付けられているものであり、被保険者であることを示す証明書として使用される。

また、第一号被保険者及び被保険者証の交付を受けている第二号被保険者（被保険者証交付済被保険者）は、要介護・要支援認定の申請をする際に、申請書に被保険者証を添付しなければならないとされている。

また、被保険者交付済被保険者は、住所変更などの届出の際にも届書に被保険者証を添付しなければならないとされている。

被保険者証の様式は、施行規則に様式第一号として規定されており、全国的に統一されている。大きさは縦一二八ミリメートル、横二七三ミリメートルの三つ折りとされる。平成三〇年八月に最終の改正が行われており、この改正が行われた際に既に交付されていた旧様式の被保険者証は、引き続き使用することが認められている。

市町村は、期日を定めて被保険者証の検認又は更新をすることができる。検認は、被保険者証の提出を求め、内容を確認することであり、更新は、従前の被保険者証を回収し、新たな被保険者証を交付することである。これによって検認又は更新を行わない被保険者証は無効となり、こうした取組が被保険者資格の確認、ひいては不正受給の発見など、適正な保険給付の確保に役立てられている。

このほか、被保険者証の交付を受けている者は、被保険者証を破り、汚し、または失った場合には再交付を請求することができる。

なお、被保険者の資格を喪失したときは、一四日以内に、資格喪失の届書に添えて被保険者証を市町村に提出しなければならない。

なお、厚生労働省老健局においては、介護情報基盤の整備を見据え、マイナンバーカードの活用を含め電子化について検討していく必要があるとし、介護情報等の電子的な共有の仕組みや介護保険被保険者証の電子化に向けた調査研究を行っている。

介護保険被保険者証

様式第一号（第二十六条関係）

（表面）

（一）

介護保険被保険者証		
被保険者	番号	
	住所	
	フリガナ	
	氏名	
	生年月日	明治・大正・昭和　年　月　日　性別　男・女
交付年月日	令和　年　月　日	
保険者番号並びに保険者の名称及び印		

（二）

要介護状態区分等		
認定年月日（事業対象者の場合は、基本チェックリスト実施日）	令和　年　月　日	
認定の有効期間	令和　年　月　日～令和　年　月　日	
居宅サービス等	区分支給限度基準額	
	令和　年　月　日～令和　年　月　日	
	1月当たり	
（うち種類支給限度基準額）	サービスの種類	種類支給限度基準額
認定審査会の意見及びサービスの種類の指定		

（三）

給付制限	内容	期間
		開始年月日　令和　年　月　日 終了年月日　令和　年　月　日
		開始年月日　令和　年　月　日 終了年月日　令和　年　月　日
		開始年月日　令和　年　月　日 終了年月日　令和　年　月　日
居宅介護支援事業者若しくは介護予防支援事業者及びその事業所の名称又は地域包括支援センターの名称		届出年月日　令和　年　月　日
		届出年月日　令和　年　月　日
		届出年月日　令和　年　月　日
介護保険施設等	種類	入所等年月日　令和　年　月　日
	名称	退所等年月日　令和　年　月　日
	種類	入所等年月日　令和　年　月　日
	名称	退所等年月日　令和　年　月　日

（裏面）

（四）

注意事項

一　介護サービスを受けようとするときは、あらかじめ市町村の窓口で要介護認定又は要支援認定を受けてください。

二　介護予防・生活支援サービス事業のサービスを受けようとするときは、あらかじめ基本チェックリストによる確認又は要支援認定を受けてください。

三　介護サービスを受けようとするときは、必ずこの証を事業者又は施設の窓口に提出してください。

四　介護予防・生活支援サービス事業のサービスを受けようとするときは、必ずこの証を事業提供者に提出してください。

五　認定の有効期限を経過したときは、保険給付を受けられませんので、認定の有効期限を経過する六十日前から三十日前までの間に市町村にこの証を提出し、認定の更新を受けてください。

（五）

六　居宅サービス、地域密着型サービス、介護予防サービス又は地域密着型介護予防サービス（以下「居宅サービス等」という。）については、居宅介護支援事業者若しくは介護予防支援事業者に介護サービス計画若しくは介護予防サービス計画の作成を依頼した旨をあらかじめ市町村に届け出た場合又は自ら介護サービス計画若しくは介護予防サービス計画を作成し、市町村に届け出た場合に限って現物給付となります。これらの手続をしない場合は、市町村からの事後払い（償還払い）になります。

七　居宅サービス等には保険給付の限度額が設定されます。

八　介護サービスを受けるときに支払う金額は、介護サービスに要した費用に、別途介護保険負担割合証に示された割合を乗じた金額です（居宅介護支援サービス及び介護予防支援サービスの利用支払額はありません。）。

九　介護予防・生活支援サービス事業のサービスを受けるときに支払う金額は、当該サービスに要した費用のうち市町村が定める割合又は市町村が定める額（事業提供者が額を定める場合においては、当該者が定める額）です。

（六）

十　認定審査会の意見及びサービスの種類の指定欄に記載がある場合は、記載事項に留意してください。利用できるサービスの種類の指定がある場合は、当該サービス以外は保険給付を受けられません。

十一　被保険者の資格がなくなったときは、直ちに、この証を市町村に返してください。

十二　この証の表面の記載事項に変更があったときは、十四日以内に、この証を添えて、市町村にその旨を届け出てください。

十三　不正にこの証を使用した者は、刑法により詐欺罪として懲役の処分を受けます。

十四　特別の事情がないのに保険料を滞納した場合は、給付を市町村からの事後払いとする措置（支払方法変更）、利用時支払額を三割（介護保険負担割合証に記載の「利用者負担の割合」欄に記載された割合が三割である場合は四割）とする措置（給付額減額）等を受けることがあります。

備考

1　この証の大きさは、縦128ミリメートル、横273ミリメートルとし、点線の箇所から三つ折とすること。

2　必要があるときは、各欄の配置を著しく変更することなく所要の変更を加えることその他所要の調整を加えることができること。

介護保険負担割合証

参照
・施行規則　第二八条の二
　　　　　　第二八条の三

介護保険においては、保険給付の対象となっているサービスを受けた場合、利用者は、その費用の一部を利用者負担として支払うことが必要となる。その利用者負担は、原則として、かかった費用の一割とされているが、一定以上の所得を有する第一号被保険者については、二割又は三割を支払うこととされている。それぞれの被保険者が、何割の利用者負担を支払う必要があるかを記載した証明書が、負担割合証である。

負担割合証の様式は、施行規則に様式第一号の二として規定されており、全国的に統一されている。大きさは縦一二八ミリメートル、横九一ミリメートルとされる。

市町村は、要介護被保険者（要介護認定を受けた被保険者）又は居宅要支援被保険者（要支援認定を受けて居宅で支援を受ける被保険者）に対して、負担割合証を有効期限を定めて交付しなければならないとされている。

第二号被保険者は一律に一割負担だが、事業所窓口等で適切に負担割合を確認できるよう、要介護（支援）認定を受けている第二号被保険者に対しても負担割合証が交付されている。

有効期限について、その始期は八月一日、終期は翌年七月三一日とされている。負担割合の判定は、本人及び同一世帯に属する第一号被保険者の市町村民税に係る所得の金額に基づき、第一号被保険者個人を単位として行われるものであり、その算定時期を踏まえて、毎年八月一日を基準日として定期的に実施されているため、この期間設定となっている。八月一日からのサービス利用に支障が生じないよう、交付は同日までに確実に完了しておくことが必要とされている。

要介護被保険者又は居宅要支援被保険者は、事業者・施設に被保険者証を提示するときは、負担割合証を添えなければならないとされている。

交付を受けている被保険者は、利用者負担の割合が変更されたとき、また、負担割合証の有効期限に至ったときは、遅滞なく、負担割合証を市町村に返還しなければならない。また、市町村は、被保険者証と同様に、期日を定め、負担割合証の検認又は更新をすることができる。

第一号被保険者の異動等による世帯構成の変更に伴い、再判定した結果、負担割合が変更になる場合は、新たな負担割合と適用開始日を記した負担割合証を再発行する。適用開始日は、原則として、変更のあった月の翌月の初日からとなる。その場合、適用開始日前にサービスを利用することもあるため、負担割合欄を二段にして、変更前の割合と変更後の割合を併記することが望ましいとされる。

介護保険負担割合証

様式第一号の二（第二十八条の二関係）

（表面）

介　護　保　険　負　担　割　合　証		
交付年月日　　年　　月　　日		
被保険者	番　号	
	住　所	
	フリガナ	
	氏　名	
	生年月日	明治・大正・昭和　年　月　日
利用者負担の割合		適　用　期　間
割		開始年月日　令和　年　月　日 終了年月日　令和　年　月　日
割		開始年月日　令和　年　月　日 終了年月日　令和　年　月　日
保険者番号並びに保険者の名称及び印		

（裏面）

注意事項

一　介護サービス又は介護予防・生活支援サービス事業のサービスを受けようとするときは、必ずこの証を事業者又は施設の窓口に提出してください。

二　介護サービス又は介護予防・生活支援サービス事業のサービスに要した費用のうち、「適用期間」に応じた「利用者負担の割合」欄に記載された割合分の金額をお支払いいただきます。（居宅介護支援サービス及び介護予防支援サービスの利用支払額はありません。）

三　被保険者の資格がなくなったとき又はこの証の適用期間の終了年月日に至ったときには、直ちに、この証を市町村に返してください。また、転出の届出をする際には、この証を添えてください。

四　この証の表面の記載事項に変更があったときは、十四日以内に、この証を添えて、市町村にその旨を届け出てください。

五　不正にこの証を使用した者は、刑法により詐欺罪として懲役の処分を受けます。

六　利用時支払額を三割（「利用者負担の割合」欄に記載された割合が三割である場合は四割）とする措置（給付額減額）を受けている場合は、この証に記載された利用者負担の割合よりも、当該措置が優先されます。

1　この証の大きさは、縦128ミリメートル、横91ミリメートルとすること。

2　必要があるときは、各欄の配置を著しく変更することなく所要の変更を加えることその他所要の調整を加えることができること。

住所地特例

参照
・介護保険法　第一三条
・施行規則　第二五条

介護保険は、原則として住所登録地（住所地）の市町村で加入することとなっている。しかし、被保険者が介護保険施設や老人ホーム等へ入所等をすることによって住所を他市町村に移す場合は、異動前の市町村の介護保険を継続することとされている。

これは、老人ホーム等が集中する市町村の介護保険財政を圧迫させないための取扱いであり、この制度を「住所地特例」と呼ぶ。

住所地特例が該当となるのは、次の住所地特例対象施設への入居又は入所の場合である。

①　介護保険施設（指定介護老人福祉施設、介護老人保健施設、介護医療院）

②　特定施設（養護老人ホーム、軽費老人ホーム）

③　養護老人ホーム（特定施設でないもの）

また、二つ以上の住所地特例対象施設に継続して入所等をしている被保険者であって、それぞれの施設の所在地に順次住所変更をした者は、最初の施設に入所等をする前に住んでいた場所（自宅など）の住所地や、途中で一時的に入所施設外に住所を置いていた場所（親戚の家など）の住所地が、現入所施設の住所地とは違う市町村にある場合、これらの自宅などや親戚の家などの所在地の市町村が行う介護保険の被保険者となる。

なお、被保険者が住所地特例の適用を受けるに至ったとき等は、被保険者は一四日以内に、市町村に届け出なければならないことになっている。

住所地特例の仕組み

○　介護保険においては、**地域保険の考え方**から、**住民票のある市町村が保険者となるのが原則**。
○　その原則のみだと介護保険施設等の所在する市町村に給付費の負担が偏ってしまうことから、施設等の整備が円滑に進まないおそれがある。
○　このため、**特例**として、**施設に入所する場合**には、住民票を移しても、**移す前の市町村が引き続き保険者となる**仕組み（住所地特例）を設けている。

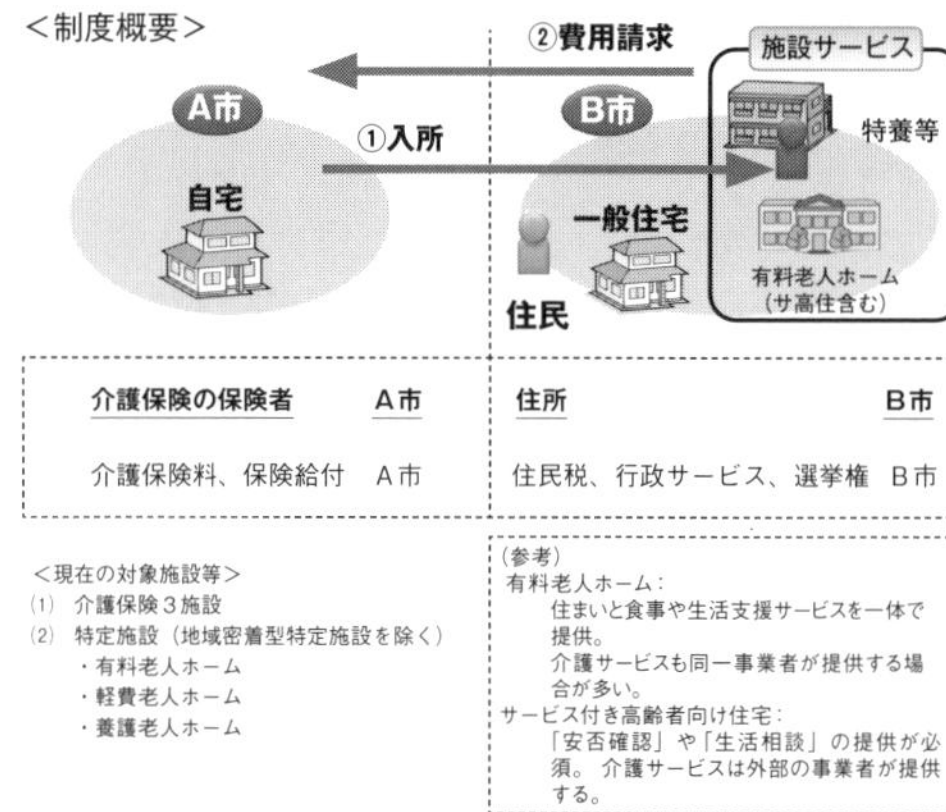

適用除外

参照
・施行法　第一一条
・施行規則　第一七〇条

適用除外とは、一定の条件を満たす集団を、法令の規定の適用対象から除外することをいう。

介護保険法は、市町村または特別区の区域内に住所を有し、年齢等の要件を満たす者を、その市町村が行う介護保険の被保険者とするが、福祉関連法令の規定による支給決定を受けて、指定障害者支援施設に入所している場合などは、四〇歳以上六五歳未満の医療保険加入者又は六五歳以上の者であっても、当分の間、介護保険の被保険者としないこととされている。

介護保険法の適用が除外される者は、おおむね次の通りである。

(1)　障害者総合支援法の規定による支給決定（生活介護及び施設入所支援に係るものに限る）を受けて指定障害者支援施設に入所している者

(2)　身体障害者福祉法の規定により障害者支援施設に入所している者

(3)　その他特別の理由がある者

次に掲げる施設に入所し、又は入院している者

①　医療型障害児入所施設
②　指定発達支援医療機関
③　独立行政法人国立重度知的障害者総合施設のぞみの園が設置する施設
④　国立ハンセン病療養所等
⑤　生活保護法に規定する救護施設
⑥　労働者災害補償保険法に規定する被災労働者の受ける介護の援護を図るために必要な事業に係る施設(年金を受給し、かつ、居宅介護を受けることが困難な者を入所させ、必要な介護を提供するものに限る)
⑦　障害者支援施設(知的障害者福祉法の規定により入所している知的障害者に係るものに限る)
⑧　指定障害者支援施設(支給決定を受けて入所している知的障害者及び精神障害者に係るものに限る)
⑨　障害者総合支援法の規定する指定障害福祉サービス事業者であって、病院(同法に規定する療養介護を行うものに限る)

なお、刑事施設、労役場その他これらに準ずる施設に拘禁されたときは、介護給付等の制限が行われるが、適用除外されることはない。

資格取得

参照
・介護保険法　第一〇条、第一二条
・施行法　第一一条
・施行規則　第二三条
　　　　　　第二四条
　　　　　　第一七一条

　介護保険の被保険者の資格の取得とは、介護保険法の適用を受け、被保険者になることをいう。

　介護保険の被保険者の資格は、いずれかの市町村に住所を有する者（住民）が年齢等の要件を満たした日、年齢等の要件を満たした者が住民となった日、又は適用除外となっていた者が除外事由のいずれにも該当しなくなった日から取得する。

　具体的には、次のいずれかの日から、その市町村が行う介護保険の被保険者資格を取得する。

①　住民である医療保険加入者が四〇歳に達した日
②　四〇歳以上六五歳未満の医療保険加入者又は六五歳以上の者が住民になった日（又は住民である四〇歳以上六五歳未満の医療保険加入者あるいは六五歳以上の者が適用除外施設を退所した日）
③　住民である四〇歳以上六五歳未満の者が医療保険加入者となった日
④　医療保険に加入していない住民が六五歳に達した日

　法律上は、このような一定の事実が発生したときは、何ら手続きを要することなく当然に被保険者の資格を取得することになるが、これを事務上具体化するために、第一号被保険者の資格を取得した者に対して、資格取得の届出が義務付けられている。

　ただし、六五歳到達の場合は、住民基本台帳法により届出情報を確認できるため、届書の提出は不要である（日本国籍を有しない者で住民基本台帳によって届出情報を確認できないものを除く）。住民基本台帳法の規定による転入届があったときは、介護保険の被保険者資格を証する付記がされたときに限り、介護保険の届出があったとみなされる。適用除外施設からの退所による資格取得についても届出が必要となる。

　資格取得の届出は、資格取得の事由が発生した日から一四日以内に氏名、生年月日、現住所、従前の住所、個人番号（マイナンバー）などを記載した届出書を市町村に提出して行う。世帯主は第一号被保険者に代わって届出をすることができる。資格取得の届出が遅れた場合であっても、先に述べた事実の発生した日にさかのぼって資格を取得することとなる。

　第二号被保険者については資格取得の届出は不要であるが、要介護・要支援認定の申請を行った者、被保険者証の交付を求めた者に対して、市町村は被保険者証を交付し、被保険者として管理している。

資格喪失

参照
- ・介護保険法　第一一条
- 　　　　　　　第一二条
- ・施行規則　　第三二条
- ・住基法　　　第二四条

介護保険の被保険者資格の喪失とは、死亡や転出といった理由で市町村住民でなくなることなどによって、介護保険制度の適用を受けなくなることをいう。

　このような場合に、介護保険の被保険者資格を喪失する時期は、次に掲げる通りである。

①　住民でなくなった日の翌日（又は住民である四〇歳以上六五歳未満の医療保険加入者あるいは六五歳以上の者が適用除外施設に入所した日）。ただし、住民でなくなった日に他の市町村の住民になったときは当日

②　第二号被保険者は医療保険加入者でなくなった日

　②については、第二号被保険者が生活保護法の適用を受けるようになったことにより、国民健康保険の適用除外に該当するようになった日などが考えられる。

　第一号被保険者及び被保険者証の交付を受けている第二号被保険者（被保険者証交付済被保険者」）が、被保険者資格を喪失したときは、一四日以内に届書を市町村に提出し、速やかに被保険者証を返還しなければならないこととされている。

　死亡による資格喪失の場合は、遺族が資格喪失届を提出することになる。住民基本台帳法の転出届があったときは、介護保険の被保険者の資格を証する付記がされたときに限り、介護保険の届出があったものとみなされる。

　介護保険の資格喪失の届書には、氏名、資格喪失の年月日及びその理由、変更後の住所（住所の変更により資格を喪失した場合）、個人番号（マイナンバー）、被保険者証の番号などを記載することとされており、この届出に係る被保険者証及び負担割合証を添えなければならないこととされている。

第3章　介護認定審査会

介護認定審査会

参照
・介護保険法　第一四条～第一七条
　　　　　　　第三八条
・施行令　　　第五条～第一〇条
・介護認定審査会の運営について

介護保険において、保険給付を受けようとする被保険者は、要介護状態・要支援状態に該当していること等に関する市町村の認定を受けなければならない。要介護認定・要支援認定と呼ばれるこの認定では、まず、市町村の認定調査員による心身の状況調査（認定調査）及び主治医意見書に基づきコンピュータによる一次判定が行われる。その後、一次判定結果、主治医意見書等に基づき、市町村に設置された介護認定審査会（以下「認定審査会」）によって二次判定が行われ、それをもって要介護認定・要支援認定の結果となる。

認定審査会は、市町村が審査判定業務を行うために、介護保険法第一四条に基づき設置することとされている機関である。

委員は、要介護者等の保健、医療、福祉に関する学識経験者から市町村長が任命する。認定審査会において、個別の案件の審査及び判定を行うのは、五人を標準として市町村が定める数を定数とする合議体である。合議体は、認定審査会の委員のうちから指名された者によって構成される。従って、認定審査会の委員の定数は、審査及び判定の件数を勘案して、各市町村が必要と認める数の合議体を認定審査会に設置することができる数を基準に、市町村が条例で定める数とされる。

委員の任期は原則二年だが、市町村は、条例で、三年以下の期間で定めることができる。

認定審査会には、委員の互選によって決定される会長が置かれ、会長は会務を総理し、認定審査会を代表し、認定審査会を招集し、合議体を構成する委員を指名する。

認定審査会において別段の定めをしている場合を除き、合議体の議決をもって認定審査会の議決となる。

認定審査会は、地方自治法上、自治体の附属機関として位置付けられており、地方自治法第二五二条の七第一項の規定による共同設置をすることができる。都道府県は、共同設置をしようとする市町村の求めに応じ、市町村相互間における必要な調整を行うことができるとされ、共同設置した市町村に対し、その円滑な運営が確保されるように必要な技術的な助言その他の援助をすることができるとされる。また、地方自治法第二五二条の一四第一項の規定により市町村の委託を受けて審査判定業務を行う都道府県には、都道府県介護認定審査会が置かれる。その他、認定審査会の設置形態については、広域連合や一部事務組合による対応も行われている。

第4章　保険給付

保険給付

参照
・介護保険法　第一八条、第一九条
第二〇条、第四〇条
第四一条　等

保険の基本的な仕組みは、保険料を支払っている被保険者に保険事故が発生した場合に、その被保険者に対して保険給付が行われるというものである。医療保険や介護保険といった社会保険では、一部を除き、金銭を支給する現金給付ではなく、被保険者が受けたサービス等の費用を、保険者が審査・支払いの仕組みを通じて実施主体に支払う現物給付が基本となっている。

介護保険の保険給付は、要介護認定を受けた者に対する介護給付と要支援認定を受けた者に対する予防給付に分けられる。給付されるサービスは、介護給付には居宅サービス、地域密着型サービス、施設サービスがあり、予防給付には介護予防サービス、地域密着型介護予防サービスがある。また、これらの全国共通で実施される給付の他に、市町村が独自に実施する市町村特別給付がある。

被保険者が介護給付・予防給付を受けるには、事前に市町村の要介護認定・要支援認定を受けなければならない。

要介護認定・要支援認定を受けた利用者は、サービスに要する費用のうち原則として一割を自己負担し、残りの九割が介護保険から給付される。ただし、第一号被保険者で一定以上の所得がある者は二割を、さらに現役世代並みの所得がある者については三割を自己負担し、その残りが介護保険から給付される。

介護給付において居宅サービスと地域密着型サービスは、施設で提供されるものを除き、居宅サービス等区分として一つの区分にまとめられ、一カ月間の給付の支給限度額が決められている。予防給付における介護予防サービスと地域密着型介護予防サービスについても、介護予防サービス等区分として一つの区分にまとめられ、同様の扱いとなる。

施設サービス等の食費・居住費（滞在費）は、保険給付の対象外となり、原則として利用者が自己負担する。ただし、市町村民税世帯非課税等の低所得者には、所得区分に応じた負担限度額が設定されており、それを超える部分は保険給付の対象として介護保険から給付される。

なお、介護保険の要介護者等であっても、労働者災害補償保険法の規定による療養補償給付等、他法令に基づく給付であって、介護給付等に相当する給付を受けられるときは、他法令の給付が優先し、介護保険の給付は、法令の定める限度において行われない。

また、国や地方公共団体が、別途介護保険の給付に相当する給付を行っている場合も、その限度において介護保険の給付は行われない。

要介護認定・要支援認定

参照
・介護保険法　第一九条、第二七条
　第三二条
・要介護認定等に係る介護認定審査会による審査及び判定の基準等に関する省令

介護給付を受けようとする被保険者は、市町村の要介護認定を受けなければならない。要介護認定では、当該の被保険者が要介護者であること、及び介護の必要の程度に応じて定められている要介護状態区分のいずれに該当するかについて判定が行われる。

同様に予防給付を受けようとする被保険者は、市町村の要支援認定を受けなければならない。

要介護者・要支援者と認定された被保険者は該当する要介護状態区分・要支援状態区分に応じたサービスが保険給付として提供される仕組みになっている。介護の必要度が判定されることにより、より必要性の高い者に給付が重点化され、また、全国統一の客観的な基準に基づいて判定が行われることで、給付の公平性が保たれている。

要介護認定等の申請は、被保険者が市町村に対して、被保険者証を添付した申請書を提出して行う。

市町村が申請を受けると、市町村の認定調査員が申請者のもとへ行き、心身の状況等について調査を行い、主治医から提出される意見書の内容とあわせて一次判定を行う。その結果等を認定審査会へ通知し、さらなる審査・判定（二次判定）を依頼する。

認定審査会は、要介護認定等に係る審査判定業務を行わせるために市町村が設置する第三者機関である。

認定審査会は、市町村から通知された調査結果や主治医の意見書等に基づき、厚生労働大臣が定める基準に従って二次判定を行う。ここでいう基準は、「要介護認定等に係る介護認定審査会による審査及び判定の基準等に関する省令」に示されている。基準には、要介護状態区分が五段階で、要支援状態区分が二段階で示されており、心身の状態の維持又は改善可能性の審査の結果、いずれの区分に該当するかの判定が行われる。要介護・要支援状態区分は、入浴、排泄、食事等の介護などの行為に要する一日あたりの時間を基準に段階分けされている。

四〇歳以上六五歳未満の第二号被保険者にあっては、主治医の意見書により特定疾病によって生じている障害（生活機能低下）を原因として要介護状態又は要支援状態となっていることを確認する。

二次判定の結果は市町村に通知され、市町村ではその結果に従って認定を行うとともに、その認定に係る被保険者に通知する。

判定結果は自立、要支援一・二、要介護一から五までの八段階のいずれに該当するかで示される。

要介護者・要支援者

参照

・介護保険法　第七条、第一九条
第二七条、第三一条
第三二条、第三四条

・施行令　第二条

要介護者とは、次のいずれかに該当するものとされている。

① 要介護状態にある六五歳以上の者

② 要介護状態にある四〇歳以上六五歳未満の者であって、その要介護状態の原因である身体上又は精神上の障害が特定疾病によって生じたものであるもの

要支援者についても、要支援状態にある者について、同様の年齢要件等が設定されている。

ここでいう要介護状態とは、身体または精神の障害のために入浴、排泄、食事などの日常生活での基本的な動作について、六カ月にわたり継続して常時介護を要すると見込まれる状態のことを指している。また、要支援状態とは、要介護状態の軽減、悪化防止に特に資する支援を要すると見込まれ、または身体もしくは精神の障害のため六カ月にわたり継続して日常生活を営むのに支障があると見込まれる状態のことを指している。

②の要件となっている特定疾病とは、加齢に伴って生ずる心身の変化に起因する疾病であって政令で定めるものとされている。その政令には、具体的な疾病として、末期のがんや初老期認知症、脳血管疾患等、老化に起因する一六の疾病名が列挙されている。

介護保険においては、介護給付を受けようとする被保険者は、要介護者であると市町村から認められることが必要となる。すなわち、当該被保険者は市町村の要介護認定を受け、要介護者に該当すること、さらに該当する要介護状態区分を判定されてはじめて介護給付を受けることができる。

同様に予防給付を受けようとする被保険者は、要支援認定を受け、要支援者に該当すること、さらに該当する要支援状態区分を判定されてはじめて予防給付を受けることができる。

反対に、被保険者が要介護者・要支援者に該当しなくなったと市町村が認めるときは、市町村は要介護認定・要支援認定を取り消すことができ、その場合、当該被保険者は介護給付・予防給付を受けることができなくなる。

要介護状態・要支援状態

参照
・介護保険法　第二条、第四条
　　　　　　　第五条、第七条
　　　　　　　第一八条、第一九条
　　　　　　　第二七条、第三二条
・施行規則　　第二条、第三条

　要介護状態とは、介護保険法においては、身体や精神の障害のため、入浴、排泄、食事等の日常生活における基本的な動作について、継続して、常時介護を要する状態であり、このような状態が原則として六カ月にわたり継続する状態であって、その介護の必要の程度に応じて定められる「要介護状態区分」のいずれかに該当するものと定義されている。

　また、要支援状態は、要介護状態の軽減、悪化防止に特に資する支援を要すると見込まれ、または、身体や精神の障害のため六カ月にわたり継続して日常生活を営むのに支障がある状態であって、「要支援状態区分」のいずれかに該当するものと定義されている。

　介護保険において要介護状態等に関して必要な保険給付は、要介護状態等の軽減又は悪化の防止に資するように行われなければならないとされ、その内容及び水準は、被保険者が要介護状態となった場合でも、可能な限り、居宅において、持てる能力に応じ、自立した日常生活を営むことができるよう配慮されなければならないとされている。

　介護保険制度において、要介護状態に関し必要な保険給付は、「介護給付」と、要支援状態に関し必要な保険給付は「予防給付」と呼ばれている。これらの給付を受けようとする被保険者は、市町村から要介護認定・要支援認定を受け、いずれの要介護状態区分・要支援状態区分に該当するかについて、判定を受けていることが基本となる。

　要介護状態区分は、要介護状態を介護の必要の程度により五段階に区分し、この区分に応じて居宅サービス、地域密着型サービス、または施設サービスが提供されることとなる。

　また、要支援状態区分は、要支援状態を介護の必要の程度により二段階に区分し、この区分に応じて介護予防サービス、地域密着型介護予防サービスが提供されることとなる。

　なお、法において、国民は自ら要介護状態となることを予防するため、加齢に伴って生ずる心身の変化を自覚して常に健康の保持・増進に努めるとともに、要介護状態となった場合においても、その有する能力の維持・向上に努めるものとされている。

　また、国及び地方公共団体は、被保険者が、可能な限り、住み慣れた地域でその有する能力に応じ、自立した日常生活を営むことができるよう、要介護状態等となることの予防又は要介護状態等の軽減若しくは悪化の防止のための施策を推進するよう努めなければならないとされている。

要介護状態区分・要支援状態区分

参照
・介護保険法　第七条、第一九条
　　　　　　　第二七条、第二九条
　　　　　　　第三二条、
　　　　　　　第三三条の二
・要介護認定等に係る介護認定審査会による審査及び判定の基準等に関する省令

要介護状態区分とは、介護の必要の程度に応じて厚生労働省令で定められている区分のことであり、介護の必要の程度を要介護一から要介護五までの五段階で区分している。一方、要支援状態区分は、支援の必要の程度を要支援一と要支援二の二段階に区分している。一般的には、「要介護度」と呼ばれることが多い。

介護保険においては、被保険者が保険給付を受けようとするときは、市町村の要介護認定・要支援認定を受けなければならないが、この認定において判定されるのが、当該被保険者が要介護状態・要支援状態に該当することと、いずれの要介護状態区分・要支援状態区分に該当するかである。

要介護状態区分等を定めているのは「要介護認定等に係る介護認定審査会による審査及び判定の基準等に関する省令」である。要介護状態区分と要支援状態区分は、それぞれにあてはまる状態の定義が掲げられている。要介護認定等においては、認定審査会は、当該被保険者がここに掲げられた状態のいずれに該当するかについて審査及び判定を行うものとされている。

各区分を五つ、又は二つに段階分けしている基準となるのは、入浴、排泄、食事等の介護などの行為に要する一日あたりの時間であり「要介護認定等基準時間」と呼ばれている。

例えば、要介護一は要介護認定等基準時間が三二分以上五〇分未満である状態、又はこれに相当すると認められる状態とされ、要介護五は要介護認定等基準時間が一一〇分以上である状態又はこれに相当すると認められる状態とされている。なお、要支援状態につき、要支援二も要介護認定等基準時間が三二分以上五〇分未満とされているが、認知機能・状態の安定性の評価により、要介護一又は要支援二のいずれかに振り分けられる。

要介護認定等を受けた被保険者は、要介護状態区分に応じて、居宅サービス、地域密着型サービス、施設サービスを、要支援状態区分に応じて、介護予防サービス、地域密着型介護予防サービスを受けることができる。

なお、要介護認定等を受けた被保険者は、その介護・支援の必要の程度が現に受けている要介護認定等に係る要介護状態区分等以外の要介護状態区分等に該当すると認めるときは、市町村に対し、要介護状態区分等の変更の認定の申請をすることができる。

要介護状態等区分と要介護認定等基準時間との関係

直接生活介助、間接生活介助、ＢＰＳＤ関連行為、機能訓練関連行為、医療関連行為の５分野について、要介護認定等基準時間を算出し、その時間と認知症加算の合計を基に要支援１～要介護５に判定されます。

要支援1	要介護認定等基準時間が25分以上32分未満 またはこれに相当すると認められる状態
要支援2 要介護1	要介護認定等基準時間が32分以上50分未満 またはこれに相当すると認められる状態
要介護2	要介護認定等基準時間が50分以上70分未満 またはこれに相当すると認められる状態
要介護3	要介護認定等基準時間が70分以上90分未満 またはこれに相当すると認められる状態
要介護4	要介護認定等基準時間が90分以上110分未満 またはこれに相当すると認められる状態
要介護5	要介護認定等基準時間が110分以上 またはこれに相当すると認められる状態

居宅サービス

> **参照**
> ・介護保険法　第二条、第八条
> 　　　　　　　第四一条、第四二条
> 　　　　　　　第四三条、第四六条
> ・指定居宅介護支援等の事業の人員及び運営に関する基準

居宅サービスとは、居宅等で生活しながら受けられる介護サービスのことである。介護保険においては、保険給付の内容と水準は、要介護状態となった被保険者が可能な限り、その居宅において、能力に応じて自立した日常生活を営むことができるように配慮されることを求めているが、実際に居宅において生活する要介護者に対して提供されるのが居宅サービスである。

居宅サービスの種類は、「訪問介護、訪問入浴介護」、「訪問看護」、「訪問リハビリテーション」、「居宅療養管理指導」、「通所介護」、「通所リハビリテーション」、「短期入所生活介護」、「短期入所療養介護」、「特定施設入居者生活介護」、「福祉用具貸与」及び「特定福祉用具販売」とされている。

これらを大きく分けると、ホームヘルパー等が利用者の居宅を訪問して行う「訪問サービス」、医師等によって行われる「療養上の管理・指導」、利用者が施設等に通って受ける「通所サービス」、短期間施設に入所する「短期入所サービス」、有料老人ホーム等の特定施設に入居して受ける「居住系サービス」、「福祉用具に関するもの」に分類される。各サービスの概要については、次表を参照されたい。

市町村は、要介護認定を受けて居宅で介護を受ける被保険者（居宅要介護被保険者）が、都道府県知事が指定する「指定居宅サービス事業者」から行われる居宅サービスである「指定居宅サービス」を受けたときは、介護給付として「居宅介護サービス費」を支給する。その際、基本的には、代理受領の仕組みを通じて、サービスを行った事業者に対して給付が支払われることとなり、被保険者は事業者にかかった費用の一割（一定以上の所得を有する第一号被保険者は二割又は三割）等の自己負担分のみを支払うことになる。

居宅で介護を受ける要介護者（居宅要介護者）が指定居宅サービスを受ける際には、そのサービスの提供が確保されるよう、指定居宅介護支援事業者の介護支援専門員が居宅サービス計画（ケアプラン）を作成し、指定居宅サービス事業者等との連絡・調整その他の便宜の提供を行うこととなる。

居宅サービスは、地域密着型サービスと合わせて、一カ月に支給を受けることができる介護給付の限度額が定められており、支給額はこの額を超えることができない。

居宅サービス

訪問介護	介護福祉士や訪問介護員によって提供される入浴、排泄、食事等の介護、その他の日常生活を送る上で必要となるサービスをいいます。
訪問入浴介護	居宅を訪問し、持参した浴槽によって行われる入浴の介護をいいます。
訪問看護	看護師、准看護師、保健師、理学療法士及び作業療法士が居宅を訪問して行う療養にかかわる世話、または必要な診療の補助を行うサービスをいいます。
訪問リハビリテーション	理学療法士、作業療法士、言語聴覚士という専門職が、居宅(ここでいう「居宅」には、自宅のほか軽費老人ホームや有料老人ホームなどの居室も含みます)を訪問して行われる、心身の機能の維持・回復、日常生活の自立を助けることを目的とするリハビリテーションをいいます。
居宅療養管理指導	病院や診療所または薬局の医師、歯科医師、薬剤師などによって提供される、療養上の管理及び指導などをいいます。
通所介護	老人デイサービスセンターなどで提供される、入浴、排泄、食事などの介護、その他の日常生活を送る上で必要となるサービス及び機能訓練をいいます(ただし、利用定員が19名以上のものに限り、認知症対応型通所介護にあたるものを除きます)。利用者は老人デイサービスセンターなどを訪れて、これらのサービスを受けます。
通所リハビリテーション	介護老人保健施設、病院や診療所などで提供される、利用者の心身機能の維持・回復、日常生活の自立を助けることを目的とする、リハビリテーションをいいます。利用者は介護老人保健施設などを訪れて、これらのサービスを受けます。
短期入所生活介護	特別養護老人ホームなどの施設で短期間、生活してもらい、その施設で行われる、入浴、排泄、食事などの介護、その他の日常生活を送る上で必要となるサービス及び機能訓練をいいます。
短期入所療養介護	介護老人保健施設などの施設で短期間、生活してもらい、その施設で行われる、看護、医学的な管理の必要となる介護や機能訓練、その他に必要となる医療、日常生活上のサービスをいいます。
特定施設入居者生活介護	有料老人ホーム、軽費老人ホームなどに入居している要介護認定を受けた利用者に対して、その施設が提供するサービスの内容などを定めた計画(特定施設サービス計画)にもとづいて行われる入浴、排泄、食事等の介護、洗濯、掃除等の家事、生活等に関する相談及び助言、日常生活を送る上で必要となるサービスをいいます。特定施設入居者生活介護を提供できる施設は有料老人ホーム、養護老人ホーム及び軽費老人ホームと定められています。
福祉用具貸与	利用者の心身の状況、希望及びその環境を踏まえた上で、適切な福祉用具を選定するための援助、その取付けや調整などを行い、(1)車いす、(2)車いす付属品、(3)特殊寝台、(4)特殊寝台付属品、(5)床ずれ防止用具、(6)体位変換器、(7)手すり、(8)スロープ、(9)歩行器、(10)歩行補助つえ、(11)認知症老人徘徊感知機器、(12)移動用リフト(つり具の部分を除く)、(13)自動排泄処理装置、の福祉用具を貸し与えることをいいます。 ※一部の福祉用具(固定用スロープ、歩行車を除く歩行器、松葉づえを除く単点杖、多点杖)について、貸与と販売の選択制となっています。
特定福祉用具販売	福祉用具のうち、入浴や排泄の際に用いられるなど、貸与にはなじまないもの(これを「特定福祉用具」といいます)を販売することをいいます。具体的には、(1)腰掛便座、(2)自動排泄処理装置の交換可能部品、(3)排泄予測支援機器、(4)入浴補助用具、(5)簡易浴槽、(6)移動用リフトのつり具の部分、の6品目です。

介護予防サービス

参照
・介護保険法　第八条の二
　　　　　　　第五三条、第五五条

介護予防サービスとは、高齢者ができる限り要介護状態に陥ることがないよう、また、心身の状態が悪化することを防ぐため、生活機能の維持・向上や改善を目的として提供されるサービスである。特に介護予防の重視を柱とした平成一七年の介護保険制度の改正により、新設されたものであり、要支援一と要支援二の被保険者への予防給付の対象となるものである。

介護予防サービスの種類は、「介護予防訪問入浴介護」、「介護予防訪問看護」、「介護予防訪問リハビリテーション」、「介護予防居宅療養管理指導」、「介護予防通所リハビリテーション」、「介護予防短期入所生活介護」、「介護予防短期入所療養介護」、「介護予防特定施設入居者生活介護」、「介護予防福祉用具貸与」及び「特定介護予防福祉用具販売」とされている。

介護給付における居宅サービスには、全一二種類のサービスが規定されているが、予防給付における介護予防サービスには、訪問介護、通所介護に相当するものがなく、全一〇種類となっている。

これらを大きく分けると、ホームヘルパー等が利用者の居宅を訪問して行う「訪問サービス」、医師等によって行われる「療養上の管理・指導」、利用者が施設等に通って受ける「通所サービス」、短期間施設に入所する「短期入所サービス」、有料老人ホーム等の特定施設に入居して受ける「居住系サービス」、「福祉用具に関するもの」に分類される。各サービスの概要については、次表を参照されたい。

市町村は、要支援認定を受けて居宅で支援を受ける被保険者（居宅要支援被保険者）が、都道府県知事が指定する「指定介護予防サービス事業者」から行われる「指定介護予防サービス」を受けたときは、「介護予防サービス費」を支給する。その際、基本的には、代理受領の仕組みを通じて、サービスを行った事業者に対して給付が支払われることとなり、被保険者は事業者にかかった費用の一割（一定以上の所得を有する第一号被保険者は二割又は三割）等の自己負担分のみを支払うことになる。

居宅で支援を受ける要支援者（居宅要支援者）が指定介護予防サービスを受ける際には、そのサービスの提供が確保されるよう、地域包括支援センターの職員が介護予防サービス計画（介護予防ケアプラン）を作成し、指定介護予防サービス事業者等との連絡・調整その他の便宜の提供を行う。

介護予防サービスは、地域密着型介護予防サービスと合わせて、一カ月に支給を受けることができる予防給付の限度額が定められており、支給額は、この額を超えることができない。

介護予防サービス

介護予防訪問入浴介護	介護予防を目的として、利用者の居宅を訪問し、持参した浴槽によって期間を限定して行われる入浴の介護をいいます。
介護予防訪問看護	介護予防を目的として、看護師などが一定の期間、居宅を訪問して行う、療養上のサービスまたは必要な診療の補助をいいます。
介護予防訪問リハビリテーション	介護予防を目的として、一定の期間、利用者の居宅で提供されるリハビリテーションをいいます。
介護予防通所リハビリテーション	介護予防を目的として、一定期間、介護老人保健施設、病院、診療所などで行われる理学療法、作業療法、その他の必要なリハビリテーションをいいます。
介護予防居宅療養管理指導	介護予防を目的として、病院、診療所または薬局の医師、歯科医師、薬剤師などによって提供される、療養上の管理及び指導などをいいます。
介護予防短期入所生活介護	特別養護老人ホームなどの施設で短期間、生活してもらい、介護予防を目的としてその施設で行われる、入浴、排泄、食事などの介護、その他の日常生活を送る上で必要となる支援及び機能訓練をいいます。
介護予防短期入所療養介護	介護老人保健施設などの施設で短期間、生活してもらい、介護予防を目的としてその施設で行われる、看護、医学的な管理の必要となる介護や機能訓練、その他に必要となる医療、日常生活上の支援をいいます。
介護予防特定施設入居者生活介護	特定施設に入居している要支援認定を受けた利用者に対して、介護予防を目的として、その施設が提供するサービスの内容などを定めた計画（介護予防特定施設サービス計画）にもとづいて行われる入浴、排泄、食事等の介護、日常生活上の支援、機能訓練及び療養上の世話をいいます。
介護予防福祉用具貸与	福祉用具のうち、介護予防に効果があるとして厚生労働大臣が定めた福祉用具を貸し与えることをいいます。品目は、(1)車いす、(2)車いす付属品、(3)特殊寝台、(4)特殊寝台付属品、(5)床ずれ防止用具、(6)体位変換器、(7)手すり、(8)スロープ、(9)歩行器、(10)歩行補助つえ、(11)認知症老人徘徊感知機器、(12)移動用リフト（つり具の部分を除く）、(13)自動排泄処理装置です。 ※一部の福祉用具(固定用スロープ、歩行車を除く歩行器、松葉づえを除く単点杖、多点杖)について、貸与と販売の選択制となっています。
特定介護予防福祉用具販売	福祉用具のうち、介護予防に効果のあるものであって、入浴や排泄の際に用いられるなどの理由によって貸与にはなじまないもの（これを「特定介護予防福祉用具」といいます）を販売することをいいます。品目は、(1)腰掛便座、(2)自動排泄処理装置の交換可能部品、(3)排泄予測支援機器、(4)入浴補助用具、(5)簡易浴槽、(6)移動用リフトのつり具の部分、の6品目です。

地域密着型サービス

参照
・介護保険法　第八条
第四二条の二
第四三条

地域密着型サービスは、要介護者の住み慣れた地域での生活を支えるため、身近な市町村で提供されることが適当なサービス類型として、平成一七年の介護保険制度改正（平成一八年四月施行）により創設されたものである。

原則として、その市町村が行う介護保険の被保険者のみがサービスを利用でき、事業者の指定・指導監督の権限は保険者である市町村が有し、市町村、または生活圏域ごとに必要な整備量を計画に定め、地域の実情に応じた弾力的な指定基準・報酬設定ができる。公平・公正の観点から、必要な整備量の決定、指定基準・報酬設定の役割を担う地域密着型サービス運営委員会が設置され、地域住民等が関与する仕組みが導入されている。

地域密着型サービスの種類は、「定期巡回・随時対応型訪問介護看護」「夜間対応型訪問介護」「地域密着型通所介護」、「認知症対応型通所介護」、「小規模多機能型居宅介護」「認知症対応型共同生活介護」「地域密着型特定施設入居者生活介護」「地域密着型介護老人福祉施設入所者生活介護」及び「複合型サービス」の九種類とされている。

その中には、夜間でも定期巡回等で対応してもらえるような訪問介護や訪問看護、小規模なデイサービスや認知症高齢者の特性に配慮したデイサービス、認知症高齢者グループホームや小規模な介護専用型特定施設・特別養護老人ホームへの入居・入所などのサービスがある。各サービス概要等は、次表を参照されたい。

市町村は、要介護認定を受けた被保険者（要介護被保険者）が、市町村長が指定する「指定地域密着型サービス事業者」から「指定地域密着型サービス」を受けたときは、「地域密着型介護サービス費」を支給する。その際、基本的には、代理受領の仕組みを通じて、サービスを行った事業者に対して給付が支払われることとなり、被保険者は事業者にかかった費用の一割（一定以上の所得を有する第一号被保険者は二割又は三割）等の自己負担分のみを支払うことになる。

居宅で介護を受ける要介護者（居宅要介護者）が地域密着型サービスを受ける際には、そのサービスの提供が確保されるよう、指定居宅介護支援事業者の介護支援専門員が居宅サービス計画（ケアプラン）を作成し、指定地域密着型サービス事業者等との連絡・調整その他の便宜の提供を行う。

地域密着型サービスは、居宅サービスと合わせて、一カ月に支給を受けることができる介護給付の限度額が定められており、支給額は、この額を超えることができない。

地域密着型サービス

定期巡回・随時対応型訪問介護看護	定期的な巡回や利用者からの連絡によって、利用者の居宅を訪問して行われる入浴、排泄、食事などの介護や療養生活を支援するための看護、その他の日常生活を送る上で必要となるサービスなどをいいます。
夜間対応型訪問介護	夜間の、定期的な巡回や利用者からの連絡によって、利用者の居宅を訪問して行われる入浴、排泄、食事などの介護、その他の日常生活を送る上で必要となるサービスなどをいいます。
地域密着型通所介護	老人デイサービスセンターなどで提供される、入浴、排泄、食事などの介護、その他の日常生活を送る上で必要となるサービス及び機能訓練をいいます（ただし、利用定員が19名未満のものに限り、認知症対応型通所介護にあたるものを除きます）。利用者は老人デイサービスセンターなどを訪れてこれらのサービスを受けます。
認知症対応型通所介護	認知症にある人が、老人デイサービスセンターなどを訪れて利用する、入浴、排泄、食事などの介護、その他の日常生活を送る上で必要となるサービスなどや機能訓練をいいます。
小規模多機能型居宅介護	利用者の居宅で、または利用者がサービス拠点に通ったり、短期間宿泊したりして、提供される入浴、排泄、食事などの介護、その他の日常生活を送る上で必要となるサービスなどや機能訓練をいいます。
認知症対応型共同生活介護	利用者が共同生活を送る住居で提供される入浴、排泄、食事などの介護、その他の日常生活を送る上で必要となるサービスなどや機能訓練をいいます。
地域密着型特定施設入居者生活介護	「地域密着型特定施設」に入居している利用者に対して、その施設が提供するサービスの内容などを定めた計画（地域密着型特定施設サービス計画）に基づいて行われる入浴、排泄、食事等の介護、その他の日常生活上の世話をいいます。なお、「地域密着型特定施設」とは、有料老人ホーム、養護老人ホーム及び軽費老人ホームであって、入居者が要介護者とその配偶者などに限られ、入居定員が29人以下であるものをいいます。
地域密着型介護老人福祉施設入所者生活介護	地域密着型介護老人福祉施設に入所している利用者を対象として、その施設が提供するサービスの内容やこれを担当する職員などを定めた計画（地域密着型施設サービス計画）に基づいて行われる入浴、排泄、食事などの介護、その他の日常生活を送る上で必要となるサービスなどや機能訓練、療養上のサービスをいいます。なお、ここで、「地域密着型介護老人福祉施設」とは、入所定員が29人以下の特別養護老人ホームであって、「地域密着型施設サービス計画」に基づいてサービスを提供する施設をいいます。
看護小規模多機能型居宅介護（複合型サービス）	利用者の居宅への訪問、または利用者がサービス拠点に通ったり、短期間宿泊したりして、提供される入浴、排泄、食事などの介護や療養生活を支援するための看護、その他の日常生活を送る上で必要となるサービスなどや機能訓練をいいます。また、居宅要介護者について一体的に提供されることが特に効果的かつ効率的なサービスの組合せにより提供されるサービスとして厚生労働省令で定めるものも含まれます。

地域密着型介護予防サービス

> **参照**
> ・介護保険法　第八条の二
> 第五四条の二
> 第五五条

予防給付における地域密着型介護予防サービスは、介護給付における地域密着型サービスに相当するものである。

住み慣れた地域での生活を支えるため、身近な市町村で提供されることが適当なサービス類型として、平成一七年の介護保険制度改正（平成一八年四月施行）により創設されたものであり、要支援一と要支援二の被保険者への予防給付の対象となるものである。

原則として、その市町村の行う介護保険の被保険者のみがサービスを利用でき、事業者の指定・指導監督の権限は保険者である市町村が有し、市町村、または生活圏域ごとに必要な整備量を計画に定め、地域の実情に応じた弾力的な指定基準・報酬設定ができる。公平・公正の観点から、必要な整備量の決定、指定基準・報酬設定の役割を担う地域密着型サービス運営委員会が設置され、地域住民等が関与する仕組みが導入されている。

地域密着型介護予防サービスの種類は、「介護予防認知症対応型通所介護」、「介護予防小規模多機能型居宅介護」及び「介護予防認知症対応型共同生活介護」と規定されている。介護給付における地域密着型サービスは全部で九種類あるが、予防給付においては、そのうちの三種類に相当するサービスが利用可能となっている。この三種類の地域密着型介護予防サービスは、それぞれ、小規模なデイサービス、認知症高齢者の特性に配慮したデイサービス、認知症高齢者グループホームへの入居といったサービス内容となっている。各サービスの概要等は、次表を参照されたい。

市町村は、要支援認定を受けて居宅で支援を受ける被保険者（居宅要支援被保険者）が、市町村長が指定する「指定地域密着型介護予防サービス事業者」から「指定地域密着型介護予防サービス」を受けたときは、「地域密着型介護予防サービス費」を支給する。その際、基本的には、代理受領の仕組みを通じて、サービスを行った事業者に対して給付が支払われることとなり、被保険者は事業者にかかった費用の一割（一定以上の所得を有する第一号被保険者は二割又は三割）等の自己負担分のみを支払う。

居宅で支援を受ける要支援者（居宅要支援者）が地域密着型介護予防サービスを受ける際には、そのサービスの提供が確保されるよう、地域包括支援センターの職員が介護予防サービス計画を作成し、指定地域密着型介護予防サービス事業者等との連絡・調整その他の便宜の提供を行う。

地域密着型介護予防サービスは、介護予防サービスと合わせて、一カ月に支給を受けることができる介護給付の限度額が定められており、支給額は、この額を超えることができない。

地域密着型介護予防サービス

介護予防認知症対応型通所介護	介護予防を目的として、認知症にある人が、老人デイサービスセンターなどを訪れ、一定期間そこで提供される入浴、排泄、食事などの介護、その他の日常生活を送る上で必要となるサービスなどや機能訓練をいいます。
介護予防小規模多機能型居宅介護	利用者の居宅で、または利用者がサービス拠点に通ったり、短期間宿泊したりして、介護予防を目的に提供される入浴、排泄、食事などの介護、その他の日常生活を送る上で必要となるサービスなどや機能訓練をいいます。
介護予防認知症対応型共同生活介護	介護予防を目的として、利用者が共同生活を送る住居で提供される入浴、排泄、食事などの介護、その他の日常生活を送る上で必要となるサービスなどや機能訓練をいいます。

施設サービス

参照
- ・介護保険法　第八条、第四八条
- ・指定介護老人福祉施設の人員、設備及び運営に関する基準
- ・介護老人保健施設の人員、施設及び設備並びに運営に関する基準
- ・介護医療院の人員、施設及び設備並びに運営に関する基準

施設サービスとは、「介護保険施設」に入所する要介護者に対し行われる介護サービスのことであり、要介護者ごとに介護支援専門員が作成する「施設サービス計画」に基づいて行われるものである。

ここでいう介護保険施設とは、「介護老人福祉施設」、「介護老人保健施設」及び「介護医療院」とされている。

介護老人福祉施設は、入所定員が三〇人以上の特別養護老人ホームであり、原則として要介護三以上の者が入所の対象となる。この介護老人福祉施設が、要介護者に対し、施設サービス計画に基づいて行う入浴、排泄、食事等の介護その他の日常生活上の世話、機能訓練、健康管理及び療養上の世話を「介護福祉施設サービス」という。

介護老人保健施設は、主としてリハビリテーション等の支援を要介護者に提供し、在宅復帰を目指す施設である。この介護老人保健施設が、要介護者に対し、施設サービス計画に基づいて行う看護、医学的管理の下における介護及び機能訓練その他必要な医療並びに日常生活上の世話を「介護保健施設サービス」という。

介護医療院は、主として長期にわたり療養が必要である要介護者が、長期療養しながら生活する施設である。この介護医療院が、要介護者に対し、施設サービス計画に基づいて行う療養上の管理、看護、医学的管理の下における介護及び機能訓練その他必要な医療並びに日常生活上の世話を「介護医療院サービス」という。

介護保険法では、これら介護福祉施設サービス、介護保健施設サービス、介護医療院サービスの三つを総称して施設サービスといい、これらの施設が要介護者に提供するサービスの内容、担当する者等の事項を定めた計画を施設サービス計画という。

なお、各施設の概要等については、次表を参照されたい。

市町村は、介護保険施設に入所する要介護者が、法令で定める要件のもとに提供される施設サービスである「指定施設サービス等」を受けたときは「施設介護サービス費」を支給する。その際、基本的には、代理受領の仕組みを通じて、サービスを行った施設に対して給付が支払われることとなり、被保険者は事業者にかかった費用の一割（一定以上の所得を有する第一号被保険者は二割又は三割）等の自己負担分のみを支払うことになる。

介護保険施設

介護福祉施設サービス	介護老人福祉施設とは、特別養護老人ホーム（入所定員が30人以上であるものに限ります）であって、その施設が提供するサービスの内容、これを担当する者などを定めた計画（施設サービス計画）に基づいて、入浴、排泄、食事などの介護、その他の日常生活を送る上で必要となるサービス、機能訓練、健康管理及び療養上のサービスを提供することを目的とする施設です。介護老人福祉施設で提供される、このようなサービスを「介護福祉施設サービス」といいます。なお、利用する「介護福祉施設サービス」が保険給付の対象となるには、介護老人福祉施設のうち、都道府県知事が「指定」した介護老人福祉施設（これを「指定介護老人福祉施設」といいます）から提供される必要があります。
介護保健施設サービス	介護老人保健施設とは、その施設が提供するサービスの内容、これを担当する者などを定めた計画（施設サービス計画）に基づいて、看護、医学的な管理の必要となる介護、機能訓練、その他の必要な医療、日常生活上のサービスを提供することを目的とし、所定の要件を満たして都道府県知事の許可をえた施設です。介護老人保健施設で提供される、このようなサービスを「介護保健施設サービス」といいます。
介護医療院サービス	介護医療院とは、その施設が提供するサービスの内容、これを担当する者などを定めた計画（施設サービス計画 に基づいて、療養上の管理、看護、医学的な管理の必要となる介護、機能訓練、その他の必要な医療、日常生活上のサービスを提供することを目的とし、所定の要件を満たして都道府県知事の許可を得た施設です。

居宅介護支援

参照
・介護保険法　第八条、第四六条
第八〇条、第八一条
・指定居宅介護支援等の事業の人員及び運営に関する基準

居宅介護支援とは、居宅で介護を受ける要介護者（居宅要介護者）を対象として、居宅介護支援事業者の介護支援専門員が行うケアマネジメントをいう。

その実施する内容は、居宅要介護者が指定居宅サービス又は指定地域密着型サービス、その他の居宅において日常生活を営むために必要な保健医療サービス又は福祉サービスの適切な利用等をすることができるよう、居宅サービス計画を作成するとともに、当該居宅サービス計画に基づく指定居宅サービス等の提供が確保されるよう、指定居宅サービス事業者、指定地域密着型サービス事業者等との連絡・調整その他の便宜の提供を行うものである。

ここでいう居宅サービス計画とは、居宅要介護者の心身の状況、その置かれている環境、当該居宅要介護者及びその家族の希望等を勘案し、利用する指定居宅サービス等の種類及び内容、これを担当する者等の事項を定めた計画のことである。指定居宅サービスと指定地域密着型サービスのほかには、それぞれ特例居宅介護サービス費、特例地域密着型介護サービス費に係る基準該当サービスも対象となる。当該居宅要介護者が、地域密着型介護老人福祉施設又は介護保険施設への入所を必要とする場合は、これらの施設への紹介その他の便宜の提供を行う。

この居宅介護支援は、市町村長が指定する「指定居宅介護支援事業者」により、市町村が定める条例に従い、要介護者の心身の状況等に応じて適切に提供するものとされている。

この市町村の条例を定める際に従う「指定居宅介護支援等の事業の人員及び運営に関する基準」によると、指定居宅介護支援事業所の管理者は、介護支援専門員（ケアマネジャー）に居宅サービス計画の作成に関する業務を担当させるものとしている。

その他、同基準においては、介護支援専門員が当該居宅サービス計画を利用者及び担当者に交付すること、実施状況の把握を行うこと、必要に応じて居宅サービス計画の変更を行うこと、居宅において日常生活を営むことが困難となった場合、介護保険施設への紹介その他の便宜の提供を行うことなど、介護支援専門員が行う居宅介護支援の内容について示されている。

市町村は、居宅要介護被保険者が、指定居宅介護支援事業者から「指定居宅介護支援」を受けたときは、当該居宅要介護被保険者に対し、「居宅介護サービス計画費」を支給する。その際、基本的には、代理受領の仕組みを通じて、サービスを行った事業者に対して給付が支払われることとなる。

介護予防支援

参照

・介護保険法　第八条の二、第五三条
　　　　　　　第一一五条の二二
　　　　　　　第一一五条の二三
　　　　　　　第一一五条の二四
・施行規則　第二二条の二一
　　　　　　第二二条の二二
・指定介護予防支援等の事業の人員及び運営並びに指定介護予防支援等に係る介護予防のための効果的な支援の方法に関する基準

介護予防支援とは、居宅で支援を受ける要支援者（居宅要支援者）を対象として、地域包括支援センターの保健師等が行うケアマネジメントをいう。

その実施する内容は、居宅要支援者が指定介護予防サービス又は指定地域密着型介護予防サービス、特定介護予防・日常生活支援総合事業及びその他の介護予防に資する保健医療サービス又は福祉サービスの適切な利用等をすることができるよう、介護予防サービス計画を作成するとともに、当該介護予防サービス計画に基づく指定介護予防サービス等の提供が確保されるよう、指定介護予防サービス事業者、指定地域密着型介護予防サービス事業者、特定介護予防・日常生活支援総合事業を行う者等との連絡・調整その他の便宜の提供を行うものである。

ここでいう介護予防サービス計画とは、居宅要支援者の心身の状況、その置かれている環境、当該居宅要支援者及びその家族の希望等を勘案し、利用する指定介護予防サービス等の種類及び内容、これを担当する者等の事項を定めた計画のことである。指定介護予防サービスと指定地域密着型介護予防サービスのほかには、それぞれ特例居宅介護予防サービス費、特例地域密着型介護予防サービス費に係る基準該当サービスも対象となる。

この介護予防支援は、市町村長が指定する指定介護予防支援事業者（地域包括支援センターの設置者又は指定居宅介護支援事業者）により、市町村が定める条例に従い、要支援者の心身の状況等に応じて適切に提供するものとされている。

この市町村の条例を定める際に従う「指定介護予防支援等の事業の人員及び運営並びに指定介護予防支援等に係る介護予防のための効果的な支援の方法に関する基準」によると、指定介護予防支援事業所の管理者は、保健師等の担当職員に介護予防サービス計画の作成に関する業務を担当させるものとされている。

その他、同基準においては、担当職員が当該介護予防サービス計画を利用者及び担当者に交付すること、実施状況の把握を行うこと、必要に応じて介護予防サービス計画の変更を行うこと、居宅において日常生活を営むことが困難となった場合、利用者の要介護認定に係る申請について必要な支援を行うことなど、担当職員が行う介護予防支援の内容について示されている。

居宅介護サービス費

参照
- ・介護保険法　第四一条
- ・施行規則　第六一条～第六四条
- ・指定居宅サービスに要する費用の額の算定に関する基準
- ・厚生労働大臣が定める一単位の単価

居宅介護サービス費は、要介護被保険者が居宅サービスを受けた際に支給される介護給付である。

市町村は、居宅で介護を受ける要介護被保険者（居宅要介護被保険者）が、都道府県知事が指定する指定居宅サービス事業者から、当該指定に係る居宅サービス事業を行う事業所により行われる居宅サービスである指定居宅サービスを受けたときは、当該居宅要介護被保険者に対し、当該指定居宅サービスに要した費用について、居宅介護サービス費を支給する。

ここでいう「指定居宅サービスに要した費用」には、特定福祉用具の購入に要した費用は含まず、また、通所サービスや短期入所サービス等に要する費用については、食費、滞在費、その他の日常生活に要する費用を除くこととされている。さらに、訪問看護、訪問リハビリテーション及び通所リハビリテーションに係る居宅介護サービス費は、居宅要介護被保険者の治療の必要の程度が介護保険法施行規則に定める基準に適合していると、市町村が認める場合に限り支給することとされている。

指定居宅サービスを受けようとする居宅要介護被保険者は、指定居宅サービスを受けるにあたっては指定居宅サービス事業者に被保険者証及び負担割合証を提示するものとされている。

また、当該居宅要介護被保険者が、給付対象となるサービスの種類の指定を受けている場合において、当該指定に係る種類以外の居宅サービスを受けたときは、居宅介護サービス費は支給されない。

居宅介護サービス費の額は、地域区分及びサービス種類に応じた一〇円から一一・四〇円までの単価に、指定居宅サービス介護給付費単位数表に定める単位数を乗じて算定した費用の額の九割（一定以上の所得を有する第一号被保険者は八割又は七割）である。

居宅要介護被保険者がケアマネジメントを受けることにつき、あらかじめ市町村に届け出て、そのケアプランが対象とする指定居宅サービスを受ける場合は、市町村は、居宅介護サービス費を事業者が代理受領する方式で現物給付することができる。

介護予防サービス費

参照
・介護保険法　第五三条
・施行規則　第八三条の九〜第八五条
・指定介護予防サービスに要する費用の額の算定に関する基準
・厚生労働大臣が定める一単位の単価

介護予防サービス費は、要支援被保険者が介護予防サービスを受けた際に支給される予防給付である。

市町村は、居宅で支援を受ける要支援被保険者（居宅要支援被保険者）が、都道府県知事が指定する指定介護予防サービス事業者から、当該指定に係る介護予防サービス事業を行う事業所により行われる介護予防サービスである指定介護予防サービスを受けたときは、当該居宅要支援被保険者に対し、当該指定介護予防サービスに要した費用について、介護予防サービス費を支給する。

ここでいう「指定介護予防サービスに要した費用」には、特定介護予防福祉用具の購入に要した費用は含まず、また、通所サービスや短期入所サービス等に要する費用については、食費、滞在費、その他の日常生活に要する費用を除くこととされている。

指定介護予防サービスを受けようとする居宅要支援被保険者は、指定介護予防サービスを受けるにあたっては、指定介護予防サービス事業者に被保険者証及び負担割合証を提示するものとされる。

また、当該居宅要支援被保険者が、給付対象となるサービスの種類の指定を受けている場合において、当該指定に係る種類以外の介護予防サービスを受けたときは、介護予防サービス費は支給されない。

介護予防サービス費の額は、地域区分及びサービス種類に応じた一〇円から一一・四〇円までの単価に、指定介護予防サービス介護給付費単位数表に定める単位数を乗じて算定した費用の額の九割（一定以上の所得を有する第一号被保険者は八割又は七割）である。

居宅要支援被保険者がケアマネジメントを受けることにつき、あらかじめ市町村に届け出て、そのケアプランが対象とする指定介護予防サービスを受ける場合は、市町村は、介護予防サービス費を事業者が代理受領する方式で現物給付することができる。

特例居宅介護サービス費

参照
・介護保険法　第四二条
・施行令　第一五条
・施行規則　第六一条
・指定居宅サービス等の事業の人員、設備及び運営に関する基準
・指定居宅サービスに要する費用の額の算定に関する基準
・厚生労働大臣が定める一単位の単価

特例居宅介護サービス費は、緊急その他やむを得ない理由で、要介護認定の効力が生じた日前や被保険者証を提示しないで指定居宅サービスを受けた場合などに、特例として行われる給付のことである。

市町村は、次に掲げる場合に、必要があると認めれば、居宅要介護被保険者に対し、特例居宅介護サービス費を支給するとされている。

① 要介護認定の効力が生じた日前に、緊急その他やむを得ない理由により指定居宅サービスを受けた場合

② 指定居宅サービス以外の居宅サービス又はこれに相当するサービス（国が定める基準を踏まえて都道府県の条例で定める基準を満たす事業所により行われるサービス（基準該当居宅サービス））を受けた場合

③ 指定居宅サービス及び基準該当居宅サービスの確保が著しく困難である離島その他の地域に住所を有する居宅要介護被保険者が、指定居宅サービス及び基準該当居宅サービス以外の居宅サービス又はこれに相当するサービスを受けた場合

④ 緊急その他やむを得ない理由により被保険者証を提示しないで指定居宅サービスを受けた場合

⑤ 要介護認定の効力が生じた日前に、緊急その他やむを得ない理由により基準該当居宅サービスを受けた場合

⑥ ③に該当する居宅要介護被保険者が要介護認定の効力が生じた日前に、緊急その他やむを得ない理由により指定居宅サービス及び基準該当居宅サービス以外の居宅サービス又はこれに相当するサービスを受けた場合

特例居宅介護サービス費の額は、地域区分及びサービス種類に応じた一〇円から一一・四〇円までの単価に、指定居宅サービス介護給付費単位数表に定める単位数を乗じて算定した額の九割（一定以上の所得を有する第一号被保険者は八割又は七割）を基準として、市町村が定めるとされる。

ただし、算定した費用の額が、現に要した費用の額を超えるときは、当該現に要した費用の額となる。なお、当該「現に要した費用の額」には、特定福祉用具の購入に要した費用は含まず、通所サービスや短期入所サービス等に要する費用については、食費、滞在費、その他の日常生活に要する費用を除くこととされている。

特例介護予防サービス費

参照
・介護保険法　第五四条
・施行令　第二四条
・施行規則　第八四条
・指定介護予防サービス等の事業の人員、設備及び運営並びに指定介護予防サービス等に係る介護予防のための効果的な支援の方法に関する基準
・指定介護予防サービスに要する費用の額の算定に関する基準
・厚生労働大臣が定める一単位の単価

特例介護予防サービス費は、緊急その他やむを得ない理由で、要支援認定の効力が生じた日前や被保険者証を提示しないで指定介護予防サービスを受けた場合などに、特例として行われる給付のことである。

市町村は、次に掲げる場合に、必要があると認めれば、居宅要支援被保険者に対し、特例介護予防サービス費を支給するとされている。

① 要支援認定の効力が生じた日前に、緊急その他やむを得ない理由により指定介護予防サービスを受けた場合

② 指定介護予防サービス以外の介護予防サービス又はこれに相当するサービス（国が定める基準を踏まえて都道府県の条例で定める基準を満たす事業所により行われるサービス（基準該当介護予防サービス））を受けた場合

③ 指定介護予防サービス及び基準該当介護予防サービスの確保が著しく困難である離島その他の地域に住所を有する居宅要支援被保険者が、指定介護予防サービス及び基準該当介護予防サービス以外の介護予防サービス又はこれに相当するサービスを受けた場合

④ 緊急その他やむを得ない理由により被保険者証を提示しないで指定介護予防サービスを受けた場合

⑤ 要支援認定の効力が生じた日前に、緊急その他やむを得ない理由により基準該当介護予防サービスを受けた場合

⑥ ③に該当する居宅要支援被保険者が要支援認定の効力が生じた日前に、緊急その他やむを得ない理由により指定介護予防サービス及び基準該当介護予防サービス以外の介護予防サービス又はこれに相当するサービスを受けた場合

特例介護予防サービス費の額は、地域区分及びサービス種類に応じた一〇円から一一・四〇円までの単価に、指定介護予防サービス介護給付費単位数表に定める単位数を乗じて算定した額の九割（一定以上の所得を有する第一号被保険者は八割又は七割）を基準として市町村が定めるとされる。

ただし、算定した費用の額が、現に要した費用の額を超えるときは、当該現に要した費用の額となる。なお、当該「現に要した費用の額」には、特定

介護予防福祉用具の購入に要した費用は含まず、通所サービスや短期入所サービス等に要する費用については、食費、滞在費、その他の日常生活に要する費用を除くこととされている。

地域密着型介護サービス費

参照

・介護保険法　第四二条の二
・施行規則　第六五条の三〜第六五条の五
・指定地域密着型サービスに要する費用の額の算定に関する基準
・厚生労働大臣が定める地域密着型サービス費の額の限度に関する基準
・厚生労働大臣が定める一単位の単価

地域密着型介護サービス費は、要介護被保険者が地域密着型サービスを受けた際に支給される介護給付である。

市町村は、要介護被保険者が、市町村長が指定する指定地域密着型サービス事業者から、当該指定に係る地域密着型サービス事業を行う事業所により行われる地域密着型サービスである指定地域密着型サービスを受けたときは、当該要介護被保険者に対し、当該指定地域密着型サービスに要した費用について、地域密着型介護サービス費を支給する。

ここでいう指定地域密着型サービス事業者には、当該要介護被保険者が住所地特例の適用を受けている場合は、その者が入所する施設の所在地の市町村長が指定する事業者も含まれる。

指定地域密着型サービスを受けようとする要介護被保険者は、指定地域密着型サービスを受けるにあたっては、事業者に被保険者証及び負担割合証を提示するものとされている。

「指定地域密着型サービスに要した費用」からは、通所サービスや短期入所サービス等に要する費用については、食費、滞在費、その他の日常生活に要する費用を除くとされる。

また、当該要介護被保険者が、給付対象となるサービスの種類の指定を受けている場合において、当該指定に係る種類以外の地域密着型サービスを受けたときは、地域密着型介護サービス費は支給されない。

地域密着型介護サービス費の額は、地域区分及びサービス種類に応じた一〇円から一一・四〇円までの単価に、指定地域密着型サービス介護給付費単位数表に定める単位数を乗じて算定した費用の額の九割（一定以上の所得を有する第一号被保険者は八割又は七割）である。ただし、市町村は、この額にかかわらず、弾力的な報酬設定をすることができるようになっており、「厚生労働大臣が定める地域密着型サービス費の額の限度に関する基準」により算定した額を限度として、当該市町村が定める額を、当該市町村における地域密着型介護サービス費の額とすることができる。

要介護被保険者がケアマネジメントを受けることにつき、あらかじめ市町村に届け出て、そのケアプランが対象とする指定地域密着型サービスを受けている場合は、市町村は、地域密着型介護サービス費を事業者が代理受領する方式で現物給付することができる。

地域密着型介護予防サービス費

参照
・介護保険法　第五四条の二
・施行規則　第八五条の二
　　～第八五条の四
・指定地域密着型介護予防サービスに要する費用の額の算定に関する基準
・厚生労働大臣が定める一単位の単価

地域密着型介護予防サービス費は、要支援被保険者が地域密着型介護予防サービスを受けた際に支給される予防給付である。

市町村は、居宅要支援被保険者が、市町村長が指定する指定地域密着型介護予防サービス事業者から、当該指定に係る地域密着型介護予防サービス事業を行う事業所により行われる地域密着型介護予防サービスである指定地域密着型介護予防サービスを受けたときは、当該居宅要支援被保険者に対し、当該指定地域密着型介護予防サービスに要した費用について、地域密着型介護予防サービス費を支給する。

ここでいう指定地域密着型介護予防サービス事業者には、当該居宅要支援被保険者が住所地特例の適用を受けている場合は、その者が入所する施設の所在地の市町村長が指定する事業者も含まれる。

指定地域密着型介護予防サービスを受けようとする居宅要支援被保険者は、指定地域密着型介護予防サービスを受けるにあたっては、事業者に被保険者証及び負担割合証を提示する。

「指定地域密着型介護予防サービスに要した費用」からは、通所サービスや短期入所サービス等に要する費用については食費、滞在費、その他の日常生活に要する費用を除くとされる。

また、当該居宅要支援被保険者が、給付対象となるサービスの種類の指定を受けている場合において、当該指定に係る種類以外の地域密着型介護予防サービスを受けたときは、地域密着型介護予防サービス費は支給されない。

地域密着型介護予防サービス費の額は、地域区分及びサービス種類に応じた一〇円から一一・四〇円までの単価に、指定地域密着型介護予防サービス介護給付費単位数表に定める単位数を乗じて算定した費用の額の九割（一定以上の所得を有する第一号被保険者は八割又は七割）である。ただし、市町村は、この額にかかわらず、弾力的な報酬設定をすることができるようになっており、地域密着型介護予防サービスの種類その他の事情を勘案して厚生労働大臣が定める基準により算定した額を限度として、当該市町村が定める額を、当該市町村における地域密着型介護予防サービス費の額とすることができる。

居宅要支援被保険者がケアマネジメントを受けることにつき、あらかじめ市町村に届け出て、そのケアプランが対象とする指定地域密着型介護予防サービスを受けている場合は、市町村は、地域密着型介護予防サービス費を事業者が代理受領する方式で現物給付することができる。

特例地域密着型介護サービス費

参照
- 介護保険法　第四二条の三
- 施行令　第一五条の三
- 施行規則　第六五条の三
- 指定地域密着型サービスに要する費用の額の算定に関する基準
- 厚生労働大臣が定める地域密着型サービス費の額の限度に関する基準
- 厚生労働大臣が定める一単位の単価

特例地域密着型介護サービス費は、緊急その他やむを得ない理由で、要介護認定の効力が生じた日前や被保険者証を提示しないで指定地域密着型サービスを受けた場合などに、特例として行われる給付のことである。

市町村は、次に掲げる場合に、必要があると認めれば、要介護被保険者に対し、特例地域密着型介護サービス費を支給するとされている。

① 要介護認定の効力が生じた日前に、緊急その他やむを得ない理由により指定地域密着型サービスを受けた場合

② 指定地域密着型サービス※の確保が著しく困難である離島その他の地域に住所を有する要介護被保険者が、指定地域密着型サービス以外の地域密着型サービス※又はこれに相当するサービスを受けた場合

③ 緊急その他やむを得ない理由により被保険者証を提示しないで指定地域密着型サービスを受けた場合

④ 要介護認定の効力が生じた日前に緊急その他やむを得ない理由により指定地域密着型サービス以外の地域密着型サービス※又はこれに相当するサービスを受けた場合

※地域密着型介護老人福祉施設入所者生活介護を除く

特例地域密着型介護サービス費の額は、次の①又は②の額とされている。

① 地域区分及びサービス種類に応じた一〇円から一一・四〇円までの単価に、指定地域密着型サービス介護給付費単位数表に定める単位数を乗じて算定した費用の額の九割（一定以上の所得を有する第一号被保険者は八割又は七割）。この場合、算定した費用の額が、現に要した費用の額を超えるときは、当該現に要した費用の額。なお、当該「現に要した費用の額」からは、通所サービスや短期入所サービス等に要する費用については、食費、滞在費、その他の日常生活に要する費用を除く。

② 市町村が地域密着型介護サービス費の額として国の定める基準により算定した額を限度として、当該市町村が定める額。

特例地域密着型介護予防サービス費

参照
・介護保険法　第五四条の三
・施行令　第二四条の三
・施行規則　第八五条の三
・指定地域密着型介護予防サービスに要する費用の額の算定に関する基準
・厚生労働大臣が定める一単位の単価

特例地域密着型介護予防サービス費は、緊急その他やむを得ない理由で、要支援認定の効力が生じた日前や被保険者証を提示しないで指定地域密着型介護予防サービスを受けた場合などに、特例として行われる給付のことである。

市町村は、次に掲げる場合に、必要があると認めれば、居宅要支援被保険者に対し、特例地域密着型介護予防サービス費を支給するとされている。

① 要支援認定の効力が生じた日前に、緊急その他やむを得ない理由により指定地域密着型介護予防サービスを受けた場合

② 指定地域密着型介護予防サービスの確保が著しく困難である離島その他の地域に住所を有する居宅要支援被保険者が、指定地域密着型介護予防サービス以外の地域密着型介護予防サービス又はこれに相当するサービスを受けた場合

③ 緊急その他やむを得ない理由により被保険者証を提示しないで指定地域密着型介護予防サービスを受けた場合

④ 要支援認定の効力が生じた日前に緊急その他やむを得ない理由により指定地域密着型介護予防サービス以外の地域密着型介護予防サービス又はこれに相当するサービスを受けた場合

特例地域密着型介護予防サービス費の額は、次の①又は②の額とされている。

① 地域区分及びサービス種類に応じた一〇円から一一・四〇円までの単価に、指定地域密着型介護予防サービス介護給付費単位数表に定める単位数を乗じて算定した費用の額の九割（一定以上の所得を有する第一号被保険者は八割又は七割）。この場合、算定した費用の額が、現に要した費用の額を超えるときは、当該現に要した費用の額。なお、当該「現に要した費用の額」からは、通所サービスや短期入所サービス等に要する費用については、食費、滞在費、その他の日常生活に要する費用を除く。

② 市町村が地域密着型介護予防サービス費の額として国の定める基準により算定した額を限度として、当該市町村が定める額。

居宅介護福祉用具購入費

参照
・介護保険法　第四四条
・施行令　第一七条
・施行規則　第七〇条、第七一条
　　　　第七二条、第七三条
・厚生労働大臣が定める特定福祉用具販売に係る特定福祉用具の種目及び厚生労働大臣が定める特定介護予防福祉用具販売に係る特定介護予防福祉用具の種目
・居宅介護福祉用具購入費支給限度基準額及び介護予防福祉用具購入費支給限度基準額

居宅介護福祉用具購入費とは、要介護被保険者が福祉用具のうち入浴、排泄の用に供するもの等として定められる「特定福祉用具」を購入した際に、介護給付として購入費の一部の支給が受けられるものである。

市町村は、居宅要介護被保険者が、特定福祉用具販売に係る指定居宅サービス事業者から、当該指定に係る居宅サービス事業を行う事業所において販売される次の特定福祉用具を購入したときは、当該居宅要介護被保険者に対し、居宅介護福祉用具購入費を支給するものとされている。

① 腰掛便座
② 自動排泄処理装置の交換可能部品
③ 排泄予測支援機器
④ 入浴補助用具
⑤ 簡易浴槽
⑥ 移動用リフトのつり具の部分

支給は、当該居宅要介護被保険者の日常生活の自立を助けるために、市町村が必要と認める場合に限り、行われることとされている。また、同一年度内に同一の種目の福祉用具の購入について居宅介護福祉用具購入費、又は介護予防福祉用具購入費が支給されている場合については、原則として支給されないが、当該福祉用具が破損した場合や、居宅要介護被保険者の介護の必要の程度が著しく高くなった場合等には、再度の支給が認められる。なお、居宅介護福祉用具購入費の支給を受けようとする居宅要介護被保険者は、申請書を提出しなければならない。

居宅介護福祉用具購入費の額は、現に当該特定福祉用具の購入に要した費用の額の九割（一定以上の所得を有する第一号被保険者は八割又は七割）に相当する額とされ、その総額は、同一年度内に購入した特定福祉用具につき、居宅介護福祉用具購入費支給限度基準額である一〇万円の九割（一定以上の所得を有する第一号被保険者は八割又は七割）を超えることができない。この場合、既に支給された介護予防福祉用具購入費があれば、総額には介護予防福祉用具購入費分も含まれる。

なお、市町村は、条例で定めるところにより、一〇万円の居宅介護福祉用具購入費支給限度基準額を超える額を、当該市町村における支給限度基準額とすることができる。

なお、一部の福祉用具（固定用スロープや多点杖など）について、貸与と販売の選択制となっています。

介護予防福祉用具購入費

参照
- 介護保険法　第五六条
- 施行令　第二六条
- 施行規則　第八九条、第九〇条
　第九一条、第九二条
- 厚生労働大臣が定める特定福祉用具販売に係る特定福祉用具の種目及び厚生労働大臣が定める特定介護予防福祉用具販売に係る特定介護予防福祉用具の種目
- 居宅介護福祉用具購入費支給限度基準額及び介護予防福祉用具購入費支給限度基準額

介護予防福祉用具購入費とは、要支援被保険者が福祉用具のうち入浴、排泄の用に供するもの等として定められる「特定介護予防福祉用具」を購入した際に、予防給付として購入費の一部の支給が受けられるものである。

市町村は、居宅で支援を受ける居宅要支援被保険者が、特定介護予防福祉用具販売に係る指定介護予防サービス事業者から、当該指定に係る介護予防サービス事業を行う事業所において販売される次の特定介護予防福祉用具を購入したときは、当該居宅要支援被保険者に対し、介護予防福祉用具購入費を支給するものとされている。

① 腰掛便座
② 自動排泄処理装置の交換可能部品
③ 排泄予測支援機器
④ 入浴補助用具
⑤ 簡易浴槽
⑥ 移動用リフトのつり具の部分

支給は、当該居宅要支援被保険者の日常生活の自立を助けるために、市町村が必要と認める場合に限り、行われることとされている。また、同一年度内に同一の種目の福祉用具の購入について、介護予防福祉用具購入費、又は居宅介護福祉用具購入費が支給されている場合については、原則として支給されないが、当該福祉用具が破損した場合等には、再度の支給が認められる。

なお、介護予防福祉用具購入費の支給を受けようとする居宅要支援被保険者は、申請書を提出しなければならない。

介護予防福祉用具購入費の額は、現に当該介護予防福祉用具の購入に要した費用の額の九割（一定以上の所得を有する第一号被保険者は八割又は七割）に相当する額とされ、その総額は、同一年度内に購入した特定介護予防福祉用具につき、介護予防福祉用具購入費支給限度基準額である一〇万円の九割（一定以上の所得を有する第一号被保険者は八割又は七割）を超えることができない。この場合、既に支給された居宅介護福祉用具購入費があれば、総額には居宅介護福祉用具購入費分も含まれる。

なお、市町村は、条例で定めるところにより、一〇万円の介護予防福祉用具購入費支給限度基準額を超える額を、当該市町村における支給限度基準額とすることができる。

なお、一部の福祉用具（固定用スロープや多点杖など）について、貸与と販売の選択制となっています。

居宅介護住宅改修費

参照

・介護保険法　第四五条
・施行令　第一八条
・施行規則　第七四条～第七六条
・厚生労働大臣が定める居宅介護住宅改修費等の支給に係る住宅改修の種類
・居宅介護住宅改修費支給限度基準額及び介護予防住宅改修費支給限度基準額
・介護の必要の程度が著しく高くなった場合における介護保険法第四五条第四項の規定により算定する額

居宅介護住宅改修費とは、要介護被保険者が手すりの取付け等の国が定める種類の住宅の改修を行った際に、介護給付として改修費の一部の支給が受けられるものである。

市町村は、居宅要介護被保険者が、次の種類の住宅改修を行ったときは、当該居宅要介護被保険者に対し、居宅介護住宅改修費を支給するとされている。

① 手すりの取付け
② 段差の解消
③ 滑りの防止及び移動の円滑化等のための床又は通路面の材料の変更
④ 引き戸等への扉の取替え
⑤ 洋式便器等への便器の取替え
⑥ その他前各号の住宅改修に付帯して必要となる住宅改修

支給は、当該住宅改修が、現に居住する住宅について行われたものであり、かつ、当該居宅要介護被保険者の心身の状況、住宅の状況等を勘案して市町村が必要と認める場合に限り、行われることとされている。

居宅介護住宅改修費の支給を受けようとする居宅要介護被保険者は、あらかじめ、申請書等を提出し、住宅改修が完了した後に領収書等の書類を提出しなければならないとされる。

居宅介護住宅改修費の額は、現に当該住宅改修に要した費用の額の九割（一定以上の所得を有する第一号被保険者は八割又は七割）とされ、その総額は、同一住宅同一種類の住宅改修につき、居宅介護住宅改修費支給限度基準額である二〇万円の九割（一定以上の所得を有する第一号被保険者は八割又は七割）を超えることができない。この場合、現住宅に係る同一種類の介護予防住宅改修費が既に支給されていれば、総額には予防給付分が含まれる。ただし、当該居宅要介護被保険者の介護の必要の程度が著しく高くなった場合、改めて支給を受けることができる。

なお、市町村は、条例で定めるところにより、二〇万円の居宅介護住宅改修費支給限度基準額を超える額を、当該市町村における支給限度基準額とすることができる。

介護予防住宅改修費

参照
・介護保険法　第五七条
・施行令　第二七条
・施行規則　第九三条～第九五条
・厚生労働大臣が定める居宅介護住宅改修費等の支給に係る住宅改修の種類
・居宅介護住宅改修費支給限度基準額及び介護予防住宅改修費支給限度基準額
・介護の必要の程度が著しく高くなった場合における介護保険法第四五条第四項の規定により算定する額

介護予防住宅改修費とは、要支援被保険者が手すりの取付け等の国が定める種類の住宅の改修を行った際に、予防給付として改修費の一部の支給が受けられるものである。

市町村は、居宅要支援被保険者が、次の種類の住宅改修を行ったときは、当該居宅要支援被保険者に対し、介護予防住宅改修費を支給するとされている。

①　手すりの取付け
②　段差の解消
③　滑りの防止及び移動の円滑化等のための床又は通路面の材料の変更
④　引き戸等への扉の取替え
⑤　洋式便器等への便器の取替え
⑥　その他前各号の住宅改修に付帯して必要となる住宅改修

支給は、当該住宅改修が、現に居住する住宅について行われたものであり、かつ、当該居宅要支援被保険者の心身の状況、住宅の状況等を勘案して市町村が必要と認める場合に限り、行われることとされている。

介護予防住宅改修費の支給を受けようとする居宅要支援被保険者は、あらかじめ、申請書等を提出し、住宅改修が完了した後に領収書等の書類を提出しなければならないとされる。

介護予防住宅改修費の額は、現に当該住宅改修に要した費用の額の九割（一定以上の所得を有する第一号被保険者は八割又は七割）とされ、その総額は、同一住宅同一種類の住宅改修につき、介護予防住宅改修費支給限度基準額である二〇万円の九割（一定以上の所得を有する第一号被保険者は八割又は七割）を超えることができない。この場合、現住宅に係る同一種類の居宅介護住宅改修費が既に支給されていれば、総額には介護給付分が含まれる。ただし、当該居宅要支援被保険者の要支援の状態が悪化し、要介護認定を受け、介護の必要の程度が著しく高くなった場合、改めて支給を受けることができる。

なお、市町村は、条例で定めるところにより、二〇万円の介護予防住宅改修費支給限度基準額を超える額を、当該市町村における支給限度基準額とすることができる。

居宅介護サービス計画費

参照
・介護保険法　第四六条
・施行令　第一九条
・施行規則　第七七条、第七八条
・指定居宅介護支援に要する費用の額の算定に関する基準

居宅介護サービス計画費は、要介護被保険者が、居宅介護支援を受けたときに、その費用について支給を受けることができる介護給付である。

市町村は、居宅要介護被保険者が、市町村長が指定する指定居宅介護支援事業者から、当該指定に係る居宅介護支援事業を行う事業所により行われる居宅介護支援（ケアマネジメント）である指定居宅介護支援を受けたときは、当該居宅要介護被保険者に対し、当該指定居宅介護支援に要した費用について、居宅介護サービス計画費を支給するものとされている。

指定居宅介護支援を受けようとする居宅要介護被保険者は、指定居宅介護支援を受けるにあたって、指定居宅介護支援事業者に被保険者証及び負担割合証を提示するものとされている。

居宅介護サービス計画費の額は、地域区分及びサービス種類に応じた一〇円から一一・四〇円までの単価に、指定居宅介護支援介護給付費単位数表に定める単位数を乗じて算定した費用の全額とされる。ただし、その額が現に当該指定居宅介護支援に要した費用の額を超えるときは、当該現に指定居宅介護支援に要した費用の額とされる。

居宅要介護被保険者が当該指定居宅介護支援を受けることにつき、あらかじめ市町村に届け出ている場合は、市町村は、居宅介護サービス計画費を事業者が代理受領する方式で現物給付することができる。

介護予防サービス計画費

参照
・介護保険法　第五八条
・施行令　第二八条
・施行規則　第九五条の二
　　　　　　第九六条
・指定介護予防支援に要する費用の額の算定に関する基準

　介護予防サービス計画費は、要支援被保険者が、介護予防支援を受けたときに、その費用について支給を受けることができる予防給付である。

　市町村は、居宅要支援被保険者が、市町村長が指定する指定介護予防支援事業者から、当該指定に係る介護予防支援事業を行う事業所により行われる介護予防支援（ケアマネジメント）である指定介護予防支援を受けたときは、当該居宅要支援被保険者に対し、当該指定介護予防支援に要した費用について、介護予防サービス計画費を支給するものとされている。

　指定介護予防支援を受けようとする居宅要支援被保険者は、指定介護予防支援を受けるにあたって、指定介護予防支援事業者に被保険者証及び負担割合証を提示するものとされる。

　介護予防サービス計画費の額は、地域区分及びサービス種類に応じた一〇円から一一・四〇円までの単価に、指定介護予防支援介護給付費単位数表に定める単位数を乗じて算定した費用の全額とされる。ただし、その額が現に当該指定介護予防支援に要した費用の額を超えるときは、当該現に指定介護予防支援に要した費用の額とされる。

　居宅要支援被保険者が当該指定介護予防支援を受けることにつき、あらかじめ市町村に届け出ている場合は、市町村は、介護予防サービス計画費を事業者が代理受領する方式で現物給付することができる。

特例居宅介護サービス計画費

参照
・介護保険法　第四七条
・施行令　第二〇条
・指定居宅介護支援等の事業の人員及び運営に関する基準
・厚生労働大臣が定める特例居宅介護サービス費等の支給に係る離島その他の地域の基準
・指定居宅介護支援に要する費用の額の算定に関する基準
・厚生労働大臣が定める一単位の単価

特例居宅介護サービス費は、指定居宅介護支援以外の居宅介護支援を受けた場合や、緊急その他やむを得ない理由で、被保険者証を提示しないで指定居宅介護支援を受けた場合などに、特例として行われる給付のことである。

市町村は、次に掲げる場合に、必要があると認めれば、居宅要介護被保険者に対し、特例居宅介護サービス計画費を支給するとされている。

① 指定居宅介護支援以外の居宅介護支援又はこれに相当する居宅介護支援（国が定める基準を踏まえて市町村の条例で定める基準を満たす事業所により行われるサービス（基準該当居宅介護支援））を受けた場合

② 指定居宅介護支援の確保が著しく困難である離島その他の地域に住所を有する居宅要介護被保険者が、指定居宅介護支援及び基準該当居宅介護支援以外の居宅介護支援又はこれに相当するサービスを受けた場合

③ 緊急その他やむを得ない理由により被保険者証を提示しないで指定居宅介護支援を受けた場合

特例居宅介護サービス計画費の額は、地域区分及びサービス種類に応じた一〇円から一一・四〇円までの単価に、指定居宅介護支援介護給付費単位数表に定める単位数を乗じて算定した費用の額の全額を基準として市町村が定めるとされる。

ただし、算定した費用の額が、現に要した費用の額を超えるときは、当該現に要した費用の額となる。

特例介護予防サービス計画費

参照

- 介護保険法　第五九条
- 施行令　第二九条
- 指定介護予防支援等の事業の人員及び運営並びに指定介護予防支援等に係る介護予防のための効果的な支援の方法に関する基準
- 厚生労働大臣が定める特例居宅介護サービス費等の支給に係る離島その他の地域の基準
- 指定介護予防サービスに要する費用の額の算定に関する基準
- 厚生労働大臣が定める一単位の単価

特例介護予防サービス計画費は、指定介護予防支援以外の介護予防支援を受けた場合や、緊急その他やむを得ない理由で、被保険者証を提示しないで指定介護予防支援を受けた場合などに、特例として行われる給付のことである。

市町村は、次に掲げる場合に、必要があると認めれば、居宅要支援被保険者に対し、特例介護予防サービス計画費を支給するとされている。

① 指定介護予防支援以外の介護予防支援又はこれに相当する介護予防支援（国が定める基準を踏まえて市町村の条例で定める基準を満たす事業所により行われるサービス（基準該当介護予防支援））を受けた場合

② 指定介護予防支援及び基準該当介護予防支援の確保が著しく困難である離島その他の地域に住所を有する居宅要支援被保険者が、指定介護予防支援及び基準該当介護予防支援以外の介護予防支援又はこれに相当するサービスを受けた場合

③ 緊急その他やむを得ない理由により被保険者証を提示しないで指定介護予防支援を受けた場合

特例介護予防サービス計画費の額は、地域区分及びサービス種類に応じた一〇円から一一・四〇円までの単価に、指定介護予防支援介護給付費単位数表に定める単位数を乗じて算定した費用の額の全額を基準として市町村が定めるとされる。

ただし、算定した費用の額が、現に要した費用の額を超えるときは、当該現に要した費用の額となる。

施設介護サービス費

参照
・介護保険法　第四八条
・施行規則　第七九条、第八〇条　第八一条
・指定施設サービス等に要する費用の額の算定に関する基準
・厚生労働大臣が定める一単位の単価

施設介護サービス費は、要介護被保険者が介護保険施設に入所して施設サービスを受けたときに、その要した費用の一部について、支給される介護給付である。

市町村は、要介護被保険者が、次に掲げる指定施設サービス等を受けたときは、当該要介護被保険者に対し、当該指定施設サービス等に要した費用について、施設介護サービス費を支給するとされる。

① 都道府県知事が指定する指定介護老人福祉施設により行われる指定介護福祉施設サービス
② 介護保健施設サービス
③ 介護医療院サービス

ここでいう「指定施設サービス等に要した費用」には、食費、居住費、その他の日常生活に要する費用は含まれない。また、介護保健施設サービスに係る施設介護サービス費については、病状が安定期にあり、介護老人保健施設において、看護、医学的管理の下における介護及び機能訓練その他必要な医療を要する要介護者に限り、介護医療院サービスに係る施設介護サービス費については、病状が比較的安定期にあり、重篤な身体疾患を有する者や身体合併症を有する認知症高齢者等であって、介護医療院において、療養上の管理、看護、医学的管理の下における介護及び機能訓練その他必要な医療を要する要介護者等に限り、それぞれ支給することとされている。

指定施設サービスを受けようとする要介護被保険者は、指定施設サービス等を受けるにあたって、介護保険施設において被保険者証及び負担割合証を提示するものとされている。

また、当該要介護被保険者が、給付対象となるサービスの種類の指定を受けている場合において、当該指定に係る種類以外の施設サービスを受けたときは、施設介護サービス費は支給されない。

施設介護サービス費の額は、地域区分及びサービス種類に応じた一〇円から一〇・九〇円までの単価に、指定施設サービス等介護給付費単位数表に定める単位数を乗じて算定した費用の額の九割（一定以上の所得を有する第一号被保険者は八割又は七割）である。

市町村は、施設介護サービス費を当該要介護被保険者に代わり事業者が代理受領する方式で、現物給付することができる。

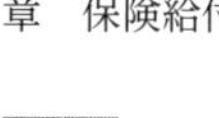

特例施設介護サービス費

参照
- ・介護保険法　第四九条
- ・施行令　第二二条
- ・施行規則　第七九条
- ・指定施設サービス等に要する費用の額の算定に関する基準
- ・厚生労働大臣が定める一単位の単価

特例施設介護サービス費は、緊急その他やむを得ない理由で、要介護認定の効力が生じた日前や被保険者証を提示しないで指定施設サービスを受けた場合などに、特例として行われる給付のことである。

市町村は、次に掲げる場合に、必要があると認めれば、要介護被保険者に対し、特例施設介護サービス費を支給するとされている。

① 要介護認定の効力が生じた日前に、緊急その他やむを得ない理由により指定施設サービス等を受けた場合

② 緊急その他やむを得ない理由により被保険者証を提示しないで指定施設サービス等を受けた場合

特例施設介護サービス費の額は、地域区分及びサービス種類に応じた一〇円から一〇・九〇円までの単価に、指定施設サービス等介護給付費単位数表に定める単位数を乗じて算定した費用の額の九割（一定以上の所得を有する第一号被保険者は八割又は七割）に相当する額を基準として市町村が定めるとされる。

ただし、算定した費用の額が現に当該施設サービスに要した費用の額を超えるときは、当該現に施設サービスに要した費用の額となる。なお、「現に要した費用の額」には、食費、居住費、その他の日常生活に要する費用は含まれない。

特定入所者介護サービス費

参照
・介護保険法　第五一条の三
　　　　　　　第六一条の三
・施行規則　　第八三条の五
　　　　　　～第八三条の八
　　　　　　　第九七条の三
　　　　　　　第九七条の四
・介護保険法第五一条の三第二項第一号及び第六一条の三第二項第一号に規定する特定介護保険施設等及び特定介護予防サービス事業者における食事の提供に要する平均的な費用の額を勘案して厚生労働大臣が定める費用の額　他

市町村は、市町村民税非課税等の一定の要件に該当する低所得の要介護被保険者が、次に掲げる指定施設サービス等、指定地域密着サービス又は指定居宅サービス（特定介護サービス）を受けたときは、当該要介護被保険者（特定入所者）に対し、当該特定介護サービスを行う施設・事業者における食費及び居住費（滞在費）について特定入所者介護サービス費を支給するとされている。

〈指定施設サービス等〉
① 指定介護福祉施設サービス
② 介護保健施設サービス
③ 介護医療院サービス

〈指定地域密着型サービス〉
④ 地域密着型介護老人福祉施設入所者生活介護

〈指定居宅サービス〉
⑤ 短期入所生活介護
⑥ 短期入所療養介護

また、要支援被保険者である特定入所者については、次の特定介護予防サービスを受けたときは、同様の取り扱いにより、特定入所者介護予防サービス費を支給するとされている。

〈指定介護予防サービス〉
① 介護予防短期入所生活介護
② 介護予防短期入所療養介護

支給対象となるのは、表1の各所得区分のいずれかに該当することについ

表1　居住費（滞在費）、食事の負担軽減の対象者

利用者負担段階	主な対象者		預貯金額（夫婦の場合）(※)
第1段階	・生活保護受給者		要件なし
	・世帯（世帯を分離している配偶者を含む。以下同じ）全員が市町村民税非課税である老齢福祉年金受給者		1,000万円(2,000万円)以下
第2段階	・世帯全員が市町村民税非課税	年金収入金額（※）＋合計所得金額が80万円以下	650万円(1,650万円)以下
第3段階①		年金収入金額（※）＋合計所得金額が80万円超～120万円以下	550万円(1,550万円)以下
第3段階②		年金収入金額（※）＋合計所得金額が120万円超	500万円(1,500万円)以下

※平成28年8月以降は、非課税年金も含む。

て市町村の認定を受けた者である。該当する要介護被保険者等は各所得区分に応じた負担限度額を負担する。市町村は、要介護被保険者等の申請を受け、所得及び資産の状況その他の事情をしん酌して該当者であることにつき認定を行ったときは、負担限度額認定証を交付する。認定を受けた要介護被保険者等は、特定介護サービスを受けようとするときは、施設・事業者に提示する被保険者証に、認定証を添えなければならないとされている。

特定入所者介護サービス費の額は、次の①の食費についての算定額と②の居住費（滞在費）についての算定額の合計額とされている。

それぞれの基準費用額と負担限度額は表２を参照されたい。

①　食費の基準費用額から特定入所者所得区分に応じた食費の負担限度額を控除した額

②　居住費（滞在費）の基準費用額から特定入所者所得区分に応じた居住費の負担限度額を控除した額

表２　居住費（滞在費）、食費の負担限度額

			基準費用額 （日額(月額)）	負担限度額（日額（月額）） ※短期入所生活介護等（日額）【　】はショートステイの場合			
				第１段階	第２段階	第３段階①	第３段階②
食費			1,445円 （4.4万円）	300円 （0.9万円） 【300円】	390円 （1.2万円） 【600円（1.8万円）】	650円 （2.0万円） 【1,000円（3.0万円）】	1,360円 （4.1万円） 【1,300円（4.0万円）】
居住費	多床室	特養等	915円 （2.8万円）	0円 （0万円）	430円 （1.3万円）	430円 （1.3万円）	430円 （1.3万円）
		老健・ 医療院等	437円 （1.3万円）	0円 （0万円）	430円 （1.3万円）	430円 （1.3万円）	430円 （1.3万円）
	従来型 個室	特養等	1,231円 （3.7万円）	380円 （1.2万円）	480円 （1.5万円）	880円 （2.7万円）	880円 （2.7万円）
		老健・ 医療院等	1,728円 （5.3万円）	550円 （1.7万円）	550円 （1.7万円）	1,370円 （4.2万円）	1,370円 （4.2万円）
	ユニット型個室 的多床室		1,728円 （5.3万円）	550円 （1.7万円）	550円 （1.7万円）	1,370円 （4.2万円）	1,370円 （4.2万円）
	ユニット型個室		2,066円 （6.3万円）	880円 （2.6万円）	880円 （2.6万円）	1,370円 （4.2万円）	1,370円 （4.2万円）

注）令和6年8月からの金額です。

特例特定入所者介護サービス費

参照
・介護保険法　第五一条の四
　　　　　　　第六一条の四
・施行令　　　第二二条の五
　　　　　　　第二九条の五

特例特定入所者介護サービス費は、緊急その他やむを得ない理由で、要介護認定の効力が生じた日前や被保険者証を提示しないで特定入所者介護サービス費を受けた場合などに、特例として行われる給付のことである。

市町村は、次に掲げる場合に、特定入所者介護サービス費の支給の対象となる特定入所者に対し、必要があると認めるときは、特例特定入所者介護サービス費を支給することとされている。（要支援者である特定入所者も同様の取扱いとなる。）

① 要介護認定の効力が生じた日前に、緊急その他やむを得ない理由により特定介護サービスを受けた場合
② 指定居宅サービス以外の居宅サービス又はこれに相当するサービス（国が定める基準を踏まえて都道府県の条例で定める基準を満たす事業所により行われるサービス（基準該当居宅サービス））※を受けた場合
③ 指定居宅サービス※及び基準該当居宅サービス※の確保が著しく困難である離島その他の地域に住所を有する特定入所者が、指定居宅サービス※及び基準該当居宅サービス※以外の居宅サービス※又はこれに相当するサービスを受けた場合
④ 緊急その他やむを得ない理由により被保険者証を提示しないで特定介護サービスを受けた場合
⑤ 要介護認定の効力が生じた日前に、緊急その他やむを得ない理由により基準該当居宅サービス※を受けた場合
⑥ ③に規定する特定入所者が、要介護認定の効力が生じた日前に、緊急その他やむを得ない理由により指定居宅サービス※及び基準該当居宅サービス※以外の居宅サービス※又はこれに相当するサービスを受けた場合

※短期入所生活介護及び短期入所療養介護に係るものに限る。

特例特定入所者介護サービス費の額は、特定入所者介護サービス費の額を基準として、市町村が定めることとされている。

高額介護サービス費

参照
・介護保険法　第五一条、第六一条
・施行令　第二二条の二の二、第二九条の二の二
・施行規則　第八三条の二〜第八三条の四、第九七条の二

市町村は、要介護被保険者の利用者負担額が著しく高額であるときは、当該要介護被保険者に対し高額介護サービス費を支給することとされている。

ここでいう「利用者負担額」とは、要介護被保険者が受けた居宅サービス、地域密着型サービス、施設サービス等に要した費用の合計額から、当該費用につき支給された居宅介護サービス費、地域密着型介護サービス費、施設介護サービス費等の合計額を控除して得た額のことである。居宅要支援被保険者についても、介護予防サービス、地域密着型介護予防サービス等を対象に、同様の取扱いで高額介護予防サービス費を支給することとされている。

高額介護サービス費を算定する際は、まず、その世帯に属する全ての要介護被保険者・居宅要支援被保険者が受けた介護サービス等について、給付割合に応じた自己負担額に相当する額の合計額を算定する。その際、公費負担医療の対象となる介護サービス（特定給付対象居宅サービス等・特定給付対象介護予防サービス等）を受けており、当該特定給付対象居宅サービス等・特定給付対象介護予防サービス等について、なお負担すべき額がある場合には、その額を合算した額が費用の合計額（利用者負担世帯合算額）となる。

高額介護サービス費の支給は、同一の月における利用者負担世帯合算額が「利用者負担限度額」を超える場合に、その超える分を支給する。利用者負担限度額は、所得区分に応じて次表のように設定されている。所得区分によって、世帯単位、あるいは個人単位に設定されている。世帯の上限額が適用される場合は、被保険者で按分して算定の上、支給する。

要介護被保険者が公費負担医療の対象となる特定給付対象居宅サービス等を受けた場合、同一の月に受けた当該特定給付対象居宅サービス等に要する費用の一割に相当する額が四四、四〇〇円を超えるときは、その超える分を高額介護サービス費として支給（現物給付）する（なお負担すべき額があれば世帯で合算され、世帯単位に設定された利用者負担限度額に係る高額介護サービス費が支給されることになる。）

被保護者である要介護被保険者に係る高額介護サービス費は、サービス事業者等に直接支払うものとされている（代理受領方式による現物給付）。

なお、高額介護サービス費の支給を受けようとする要介護被保険者は、申請書を市町村に提出しなければならない。

利用者負担限度額

	所得区分	上限額
(1)	一定年収以上の高所得者 課税所得690万円（年収約1,160万円）以上	140,100円【世帯】
(2)	一定年収以上の高所得者 課税所得380万円（年収約770万円） ～課税所得690万円（年収約1,160万円）未満	93,000円【世帯】
(3)	一般（(1)(2)(4)(5)以外）	44,400円【世帯】
(4)	①市町村民税世帯非課税 ②24,600円への減額により生活保護の被保護者とならない場合	①24,600円【世帯】 ②24,600円【世帯】
	市町村民税非課税で〔公的年金等収入金額＋合計所得金額〕が80万円以下である場合	15,000円【個人】
	市町村民税世帯非課税の老齢福祉年金受給者	15,000円【個人】
(5)	①生活保護の被保護者 ②15,000円への減額により生活保護の被保護者とならない場合	15,000円【個人】 15,000円【世帯】

高額医療合算介護サービス費

参照
・介護保険法　第五一条の二
　　　　　　　第六一条の二
・施行令　第二二条の三
　　　　　第二九条の三
・施行規則　第八三条の四の二
　　　　　～第八三条の四の四

介護保険及び医療保険（後期高齢者医療含む）の自己負担の合計額が著しく高額になる場合に、その負担を軽減する仕組みとして、平成二〇年より高額医療合算介護サービス費が創設された。

介護保険と医療保険のそれぞれの負担が長期間にわたって重複して生じている世帯にあっては、高額介護（介護予防）サービス費と高額療養費の支給を受けてもなお重い負担が残ることがあることから、高額介護（介護予防）サービス費・高額療養費の支給を受けてもなお残る介護保険と医療保険の一年間の自己負担額の合算額について、限度額を超える額を支給することとされている。

支給要件は、前年の八月一日から七月三一日までの計算期間の末日（基準日）に介護サービスに係る自己負担額の合算額と、療養に係る自己負担額の合算額が、医療合算算定基準額に五〇〇円の支給基準額を加えた額を超える場合に支給する。

介護保険において、合算対象となる利用者負担額は、高額介護サービス費等と同じ範囲の定率負担の額であり、福祉用具購入費・住宅改修費の定率負担は含まれない。高額介護（介護予防）サービス費が受けられる場合は、その額は合算額から控除される。

医療合算算定基準額は、高額介護（介護予防）サービス費の算定基準額と同様、介護サービス等を受けた者の年齢及び世帯の所得区分により、きめ細かく設定されている。具体的な判定基準は次表を参照のこと。

対象世帯に七〇から七四歳までと七〇歳未満が混在する場合、まず七〇から七四歳までの自己負担合算額に限度額を適用した後、残る負担額と七〇歳未満の自己負担合算額を合わせた額に限度額を適用して、高額医療合算介護サービス費を支給する。

高額医療合算介護サービス費の支給を受けようとする被保険者は、基準日に加入する医療保険者に申請を行う。その際、原則として申請書には介護保険者が被保険者からの申請によって交付する自己負担額の証明書を添付する。証明書に係る申請を医療保険者を経由して提出した場合は、介護保険者は、証明書に係る情報を医療保険者に提供する。申請を受けた医療保険者は支給額を計算し、算出した額を介護保険者に通知する。医療・介護保険者は、それぞれ支給すべき額を被保険者に通知・支給する。

医療合算算定基準額

<table>
<tr><th colspan="2" rowspan="2"></th><th rowspan="2">75歳以上
（後期高齢者医療）</th><th colspan="2">75歳未満
（被用者保険・国民健康保険）</th></tr>
<tr><th>70 ～74歳</th><th>70歳未満</th></tr>
<tr><td colspan="2">・標準報酬月額83万円以上
・旧ただし書所得901万円超
・70歳以上現役並み所得者</td><td>212万円</td><td>212万円</td><td>212万円</td></tr>
<tr><td colspan="2">・標準報酬月額53 ～79万円以上
・旧ただし書所得600万円超
901万円以下
・70歳以上現役並み所得者</td><td>141万円</td><td>141万円</td><td>141万円</td></tr>
<tr><td colspan="2">・標準報酬月額28 ～50万円以上
・旧ただし書所得210万円超
600万円以下
・70歳以上現役並み所得者</td><td>67万円</td><td>67万円</td><td>67万円</td></tr>
<tr><td colspan="2">・標準報酬月額26万円以下
・旧ただし書所得210万円以下
・70歳以上一般</td><td>56万円</td><td>56万円</td><td>60万円</td></tr>
<tr><td rowspan="2">低所得者</td><td>Ⅱ</td><td>31万円</td><td>31万円</td><td rowspan="2">34万円</td></tr>
<tr><td>Ⅰ</td><td>19（31）万円(注1)</td><td>19（31）万円(注1)</td></tr>
</table>

（注1）介護サービス利用者が世帯内に複数いる場合は31万円。

利用者負担

参照
・介護保険法　第四九条の二
　　　　　　　第五九条の二

介護保険制度においては、サービスの利用者は、基本的にその費用の一部を自己負担して利用する。

介護保険で保険給付の対象となっているサービスを受けた場合、サービスに要する費用の額の原則九割が保険で給付され、残りの一割を利用者が負担する。ただし、第一号被保険者であって、一定以上の所得を有する者については、その給付割合、負担割合は、それぞれ次表のようになる。

ただし、居宅介護支援、介護予防支援については、費用として算定した額の全額が介護保険から給付されるので利用者負担は必要ない。

また、介護給付において、居宅サービスと地域密着型サービスについては、原則的には、まとめて一カ月の支給限度基準額が設定されており、一カ月に支給する総額の合計額が支給限度基準額を超える場合は、超える分の費用は利用者が全額を負担することとされている。予防給付における介護予防サービスと地域密着型介護予防サービスについても、これと同様の取扱いとなる。

なお、通所サービス、短期入所サービス、居住系サービス、施設サービス等に係る食費、居住費等、また、サービスの種類によっては、おむつ代や理美容代等の日常生活に要する費用は、利用者自身の負担となる。ただし、市町村民税世帯非課税等の低所得者には、食費、居住費等の一部について、特定入所者介護サービス費又は特定入所者介護予防サービス費が支給されるため、利用者は所得区分に応じた負担限度額までの費用を負担する。

その他、介護保険施設における特別な居室や特別な食事など、通常のサービスを超える特別なサービスを利用者が希望して受けたときは、通常のサービスに係る費用を超える分は、利用者の負担となる。

利用者負担の判定の流れ

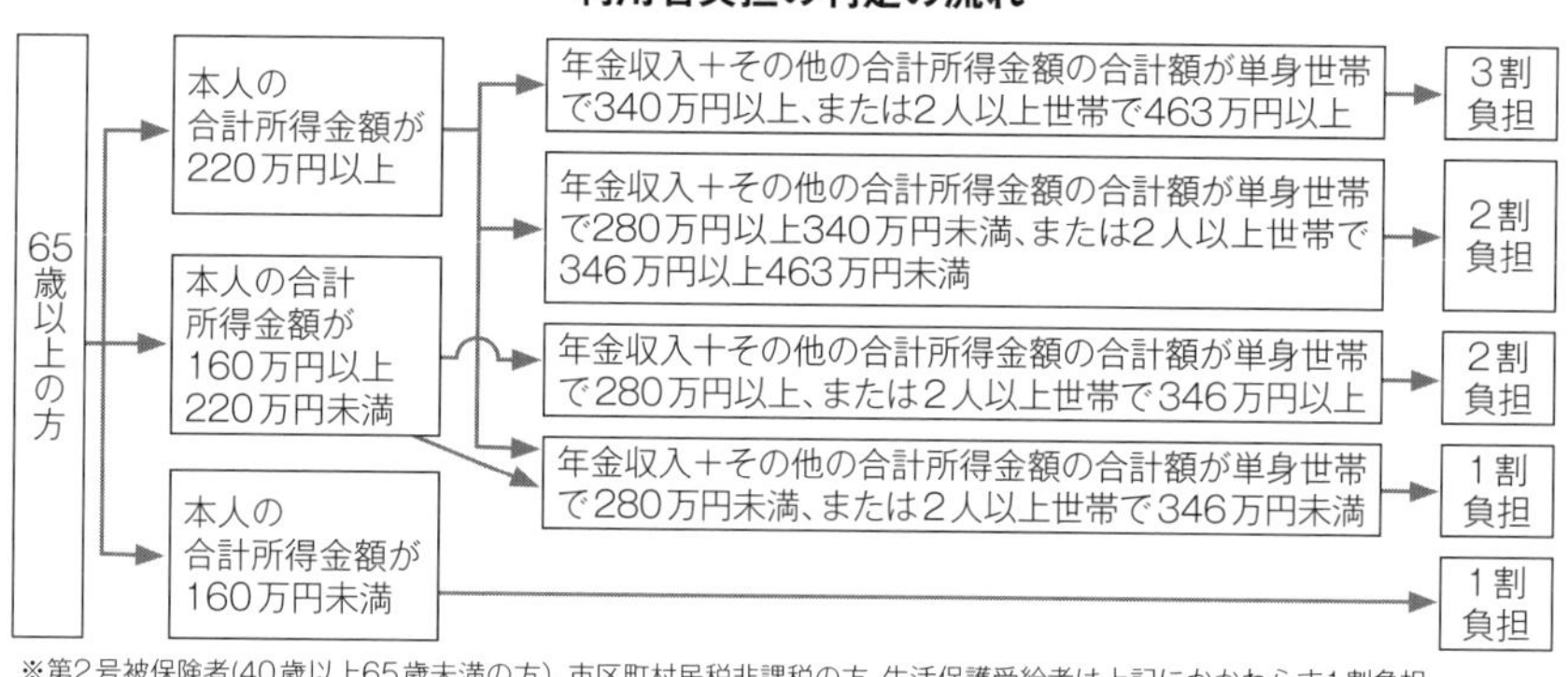

※第２号被保険者(40歳以上65歳未満の方)、市区町村民税非課税の方、生活保護受給者は上記にかかわらず１割負担

居住費

参照
・介護保険法 第四一条
第四二条の二
第四八条
第五一条の三
第五三条
第五四条の二
第六一条の三
・施行規則 第六一条
第六五条の三
第七九条、第八四条
第八五条の三

施設に入所して受ける施設サービスや、在宅で生活しながら受ける短期入所サービスなど、サービスに居住、滞在、宿泊を伴う場合、居住等に要する費用は給付の対象から除かれており、利用者自身が負担することとされている。

自宅などで介護を受けながら生活している要介護者は、家賃等の居住費を自ら負担している中で、施設入所者等の居住費を給付の対象とすることは、在宅と施設における給付と負担の公平を欠くことになることなどから、平成一七年の制度改正により利用者負担が導入された。

具体的に、給付の対象から除かれ、利用者が負担するのは、次のサービスにおける居住等に要する費用である。

① 居宅サービス
短期入所生活介護、短期入所療養介護
② 地域密着型サービス
小規模多機能型居宅介護、複合型サービス、地域密着型介護老人福祉施設入所者生活介護
③ 施設サービス
④ 介護予防サービス
介護予防短期入所生活介護、介護予防短期入所療養介護
⑤ 地域密着型介護予防サービス
介護予防小規模多機能型居宅介護

利用者が支払う居住費等の具体的な金額は、利用者と施設の契約によって定められることになる。国においては、適正な契約が行われるよう「居住、滞在及び食事の提供に係る利用料に関するガイドライン」を示し、利用者への書面での事前説明や同意手続などを定めている。

また、市町村民税非課税等の一定の要件に該当する低所得の被保険者の居住費等については、所得水準の区分に応じた負担限度額を設定し、標準的な費用の額と負担限度額との差額を、特定入所者介護サービス費又は特定入所者介護予防サービス費として介護保険から給付し、残りを利用者が負担する。

食費

参照
・介護保険法　第四一条
第四二条の二
第四八条
第五一条の三
第五三条
第五四条の二
第六一条の三
・施行規則　第六一条
第六五条の三
第七九条、第八四条
第八五条の三

施設に入所して受ける施設サービスや、在宅で生活しながら受ける通所サービスや短期入所サービスなど、サービスに食事を伴う場合、食事の提供に要する費用は給付の対象から除かれており、利用者自身が負担することとされている。

自宅などで介護を受けながら生活している要介護者は食費を自ら負担している中で施設入所者等の食費を給付の対象とすることは、在宅と施設における給付と負担の公平を欠くことになることから、平成一七年の制度改正により利用者負担が導入された。

具体的に、給付の対象から除かれ、利用者が負担するのは、次のサービスにおける食事の提供に要する費用である。

①　居宅サービス
通所介護、通所リハビリテーション、短期入所生活介護、短期入所療養介護

②　地域密着型サービス
地域密着型通所介護、認知症対応型通所介護、小規模多機能型居宅介護、複合型サービス、認知症対応型共同生活介護、地域密着型介護老人福祉施設入所者生活介護

③　施設サービス

④　介護予防サービス
介護予防通所リハビリテーション、介護予防短期入所生活介護、介護予防短期入所療養介護

⑤　地域密着型介護予防サービス
介護予防認知症対応型通所介護、介護予防小規模多機能型居宅介護、介護予防認知症対応型共同生活介護

利用者が支払う食費の具体的な金額は、利用者と施設の契約によって定められる。国においては、適正な契約が行われるよう「居住、滞在及び食事の提供に係る利用料に関するガイドライン」を示し、利用者への書面での事前説明や同意手続などを定めている。

また、市町村民税非課税等の一定の要件に該当する低所得の被保険者の食費については、所得水準の区分に応じた負担限度額を設定し、標準的な費用の額と負担限度額との差額を特定入所者介護サービス費又は特定入所者介護予防サービス費として介護保険から給付し、残りを利用者が負担する。

なお、この負担限度額については、負担の公平性と制度の持続性を高める観点から、令和三年八月一日より、一定以上の収入のある被保険者の所得水準の区分を細分化し、よりきめ細かく負担能力に応じた負担を求める見直しを行った。

支給限度額

参照
・介護保険法　第四三条
　第五五条

居宅サービス、地域密着型サービス（施設に入所して提供されるものを除く。）及びこれらに相当するサービスは、居宅サービス計画に基づき組み合わせて提供されるため、「居宅サービス等区分」として一つの区分にまとめられており、これに一カ月の支給限度基準額が設定されている。

居宅要介護被保険者が、居宅サービス等区分ごとに、一カ月間に受けた居宅サービスにつき支給される居宅介護サービス費、特例居宅介護サービス費、地域密着型介護サービス費、特例地域密着型介護サービス費の額の合計額は、居宅介護サービス費等区分支給限度基準額の九割（一定以上の所得を有する第一号被保険者は八割又は七割）を超えることができないとされている。

予防給付における介護予防サービスと地域密着型介護予防サービスも、「介護予防サービス等区分」として一つの区分にまとめられ、介護予防サービス費等区分支給限度基準額が設定されており、同様の取扱いとなる。

居宅介護サービス費等区分支給限度基準額・介護予防サービス費等区分支給限度基準額は、要介護・要支援状態区分ごとに決められており、居宅要介護・要支援被保険者は、それぞれの要介護・要支援状態区分に応じて、支給される居宅介護サービス費等の合計額が次に掲げる単位数に達するまで、居宅・介護予防サービス等区分に係るサービスを受けることができる。

居宅介護サービス費等区分支給限度基準額

要介護1	16,765 単位
要介護2	19,705 単位
要介護3	27,048 単位
要介護4	30,938 単位
要介護5	36,217 単位

介護予防サービス費等区分支給限度基準額

要支援1	5,032 単位
要支援2	10,531 単位

市町村は、条例で定めるところにより、この支給限度基準額を超える額を市町村独自の居宅介護・介護予防サービス費等区分支給限度基準額とすることができる。

また、市町村は、条例で定めるところにより、居宅・介護予防サービス及び地域密着型（介護予防）サービスの種類ごとに、居宅要介護・要支援被保険者が一カ月間に受ける一つの種類のサービスに係る居宅介護サービス費等の合計額について、居宅介護・介護予防サービス費等種類支給限度基準額を定めることができる。

指定市町村事務受託法人

参照
・介護保険法　第二三条
　　　　　　　第二四条の二
　　　　　　　第二七条
・施行令　　　第一一条の二
・施行規則　　第三四条の二
　　　　　　　第三四条の五の二

指定市町村事務受託法人とは、法令で決められた種類の介護保険に係る事務の一部につき、市町村が委託することができる法人である。

具体的には、市町村は次の市町村事務の一部を指定市町村事務受託法人に委託することができるとされる。

①　照会等事務
　保険給付の受給者、サービス担当者、住宅改修実施者等に対し、文書等の提出・提示の求めや依頼、また、質問や照会をする事務（これらの対象となる者の選定に係るものを除く。）

②　要介護認定調査事務
　要介護認定調査・要支援認定調査について、新規だけでなく、更新、変更、取消も含めた調査事務

指定市町村事務受託法人は、当該事務を的確に実施するに足りる経理的及び技術的な基礎を有するものであること、役員又は職員の構成が当該事務の公正な実施に支障を及ぼすおそれがないものであること等の要件を満たし、委託を受けた事務を適正に実施することができると認められるものとして都道府県知事が指定するものとされている。指定は、市町村事務を受託しようとする者の申請により、市町村事務を行う事務所ごとに行うとされる。

指定市町村事務受託法人は、市町村事務のうち②の要介護認定調査事務を行うときは、介護支援専門員その他保健、医療又は福祉に関する専門的知識を有する者に調査を行わせるものとされている。

指定市町村事務受託法人の役員もしくは職員等又はこれらの職にあった者は、正当な理由なしに、当該委託事務に関して知り得た秘密を漏らしてはならないとされている。また、指定市町村事務受託法人の役員又は職員で、当該委託事務に従事する者は、刑法その他の罰則の適用については、公務員とみなされる。

指定都道府県事務受託法人

参照
・介護保険法　第二四条
　第二四条の三
・施行令　第一一条の七
・施行規則　第三四条の一四
　第三四条の一五

指定都道府県事務受託法人とは、法令で決められた種類の介護保険に係る事務の一部につき、都道府県が委託することができる法人である。

具体的には、都道府県は、次の都道府県事務の一部を指定都道府県事務受託法人に委託することができるとされる。

① サービス担当者や事業所に対し、提供した居宅サービス等に関し報告、サービス提供の記録、帳簿書類等の提示を命じ、質問する事務（これらの対象となる者の選定に係るものを除く。）

② 介護給付等を受けた被保険者等に当該介護給付等に係る居宅サービス等の内容に関し、報告を命じ、質問する事務（これらの対象となる者の選定に係るものを除く。）

指定都道府県事務受託法人は、委託を受けた事務を的確に実施するに足りる経理的及び技術的な基礎を有するものであること、役員又は職員の構成が質問等事務の公正な実施に支障を及ぼすおそれがないものであること等の要件を満たし、当該事務を適正に実施することができると認められるものとして都道府県知事が指定するものとされている。指定は、都道府県事務を受託しようとする者の申請により、都道府県事務を行う事務所ごとに行うとされている。

指定都道府県事務受託法人の役員若しくは職員等又はこれらの職にあった者は、正当な理由なしに、当該委託事務に関して知り得た秘密を漏らしてはならないとされている。また、指定都道府県事務受託法人の役員又は職員で、当該委託事務に従事する者は、刑法その他の罰則の適用については、公務員とみなされる。

第5章　介護支援専門員並びに事業者及び施設

介護支援専門員

参照
- 介護保険法　第七条
  第六九条の二
  〜第六九条の一〇
  第六九条の三四
  〜第六九条の三九
- 施行規則　第一一三条の二
  〜第一一三条の二六
- 指定居宅介護支援等の事業の人員及び運営に関する基準

介護支援専門員とは、いわゆるケアマネジャーのことである。

その業務等は、法第七条第五項において、要介護者又は要支援者からの相談に応じ、これらの要介護者等が適切な居宅サービス、地域密着型サービス、施設サービス、介護予防サービス、地域密着型介護予防サービス、特定の介護予防・日常生活支援総合事業を利用できるよう市町村、これらのサービスを行う事業者等との連絡・調整等を行う者であり、必要な専門的知識及び技術を有するものとして介護支援専門員証の交付を受けたものと規定されている。

指定居宅介護支援事業者、介護保険施設は、原則として事業所ごとに一人以上の常勤の介護支援専門員を置かなければならないとされている。また、その管理者は、介護支援専門員にケアプランを作成させるものとされている。

介護支援専門員証の交付を申請することができるのは、保健、医療、福祉の実務経験者で、都道府県知事が行う「介護支援専門員実務研修受講試験」に合格し、「介護支援実務研修」の課程を終了し、都道府県知事の登録を受けた者とされる。交付の申請書は、登録を受けている都道府県知事に提出する。介護支援専門員は、その業務を行うにあたり、関係者から請求があったときは、介護支援専門員証を提示しなければならない。

介護支援専門員証の有効期間は五年とされ、申請により更新される。ただし、この更新を受けようとする者は、都道府県知事が行う更新研修を受けなければならない。

登録都道府県以外の都道府県に所在する事業者・施設の業務に従事する者は、当該事業者の事業所又は当該施設の所在地を管轄する都道府県知事に対し、登録を受けている都道府県知事を経由して、登録の移転の申請をすることができる。

介護支援専門員は、介護支援専門員証を不正に使用したり、その名義を他人に使用させたりしてはならない。

また、介護支援専門員は、介護支援専門員でなくなっても、正当な理由なしに、業務に関して知り得たものの秘密を漏らしてはならない。

指定居宅サービス事業者

参照
・介護保険法　第七〇条～第七八条
・指定居宅サービス等の事業の人員、設備及び運営に関する基準

指定居宅サービス事業者は、都道府県知事の指定を受けて、居宅サービス事業を行う事業者である。

市町村は、居宅要介護被保険者が、指定居宅サービス事業者から当該指定に係るサービスを受けた場合に、居宅介護サービス費を支給する。

指定は、事業者の申請により、居宅サービスの種類ごと、事業所ごとに行う。都道府県知事は、申請者が都道府県の条例で定める者でないとき、事業所の従業者の知識及び技能並びに人員が条例で定める基準及び員数を満たしていないとき、設備及び運営に関する基準に従って適正な居宅サービス事業の運営をすることができないと認められるとき等は、指定をしてはならないとされている。なお、指定は、事業所の所在地が指定都市又は中核市であれば、その指定都市又は中核市の市長が行う。

健康保険法に基づく保険医療機関・保険薬局の指定や、介護老人保健施設・介護医療院の都道府県知事の許可があったときは、特定の種類の居宅サービスに限り、指定があったものとみなされる。また、訪問介護、通所介護等の居宅サービスに係る事業所について、児童福祉法に基づく障害児通所支援の指定、障害者総合支援法に基づく指定障害福祉サービス事業者の指定を受けている者から申請があった場合、都道府県で定める条例の基準を満たしている等のときは、共生型居宅サービス事業者として指定を行うことができる。

指定は、六年ごとにその更新を受けなければ効力を失う。指定の更新がされたときは、有効期間は満了の日の翌日から起算するものとされる。

指定居宅サービス事業者は、都道府県の条例で定める指定居宅サービスの事業の設備及び運営に関する基準に従い、要介護者の心身の状況等に応じて適切なサービスを提供するとともに、自らサービスの質の評価を行う等により、常にサービスを受ける者の立場に立って提供するように努めなければならないとされる。また、指定居宅サービス事業者は、事業所ごとに、都道府県の条例で定める員数の従業者を有しなければならない。都道府県は、国の基準に従い、標準として、又は参酌して、この条例を定めるものとされる。

なお、指定居宅サービス事業者は、事業所の名称、所在地等に変更があったとき、又は休止した事業を再開したときは、一〇日以内に、その旨を都道府県知事に届け出なければならない。また、事業を廃止し、又は休止しようとするときは、一カ月前までに、都道府県知事に届け出なければならない。

指定介護予防サービス事業者

参照

・介護保険法　第一一五条の二～一一五条の一一

・指定介護予防サービス等の事業の人員、設備及び運営並びに指定介護予防サービス等に係る介護予防のための効果的な支援の方法に関する基準

指定介護予防サービス事業者は、都道府県知事の指定を受けて、介護予防サービス事業を行う事業者である。

市町村は、居宅要支援被保険者が、指定介護予防支援を受けることを市町村に届け出た上で、指定介護予防サービス事業者から当該指定に係るサービスを受けた場合に、介護予防サービス費を支給する。

指定は、事業者の申請により、介護予防サービスの種類ごと、事業所ごとに行う。都道府県知事は、申請者が都道府県の条例で定める者でないとき、事業所の従業者の知識及び技能並びに人員が都道府県の条例で定める基準及び員数を満たしていないとき、設備及び運営に関する基準に従って事業の適正な運営をすることができないと認められるとき等は、指定をしてはならないとされる。なお、指定は、事業所の所在地が指定都市又は中核市であれば、その指定都市又は中核市の市長が行う。

健康保険法に基づく保険医療機関・保険薬局の指定や、介護老人保健施設・介護医療院の都道府県知事の許可があったときは、特定の種類の介護予防サービスに限り、都道府県知事の指定があったとみなされる。また、指定介護予防短期入所生活介護に係る事業所について、児童福祉法に基づく障害児通所支援の指定、障害者総合支援法に基づく指定障害福祉サービスの指定を受けている事業者から申請があった場合、都道府県で定める条例の基準を満たしている等のときは、共生型介護予防サービス事業者として指定を行うことができる。

指定介護予防サービス事業者は、都道府県の条例で定める指定介護予防サービスの事業の設備及び運営に関する基準に従い、要支援者の心身の状況等に応じて適切なサービスを提供するとともに、自らサービスの質の評価を行う等により、常にサービスを受ける者の立場に立って提供するように努めなければならない。また、指定介護予防サービス事業者は、事業所ごとに、都道府県の条例で定める員数の従業者を有しなければならない。都道府県は、国の基準に従い、標準として、又は参酌して、この条例を定める。

なお、指定の更新や、事業所の名称、所在地等の変更、事業の休廃止の届出に関する規定は、指定居宅介護サービス事業者に適用されるものと同様である。

指定地域密着型サービス事業者

参照
・介護保険法　第七八条の二～第七八条の一七
・指定地域密着型サービスの事業の人員、設備及び運営に関する基準

指定地域密着型サービス事業者は、市町村長の指定を受けて、地域密着型サービス事業を行う事業者である。

市町村は、要介護被保険者が、指定地域密着型サービス事業者から当該指定に係るサービスを受けた場合に、地域密着型介護サービス費を支給する。

指定は、事業者の申請により、地域密着型サービスの種類ごと、事業所ごとに行う。その指定は、当該市町村の被保険者に対する地域密着型介護サービス費等の支給についてのみ、効力を有する。市町村長は、指定をしようとするときは、あらかじめ都道府県知事に届け出なければならない。また、市町村長は、申請者が市町村の条例で定める者でないとき、事業所の従業者の知識及び技能並びに人員が条例で定める基準及び員数を満たしていないとき、設備及び運営に関する基準に従って適正な運営をすることができないと認められるとき、事業所が当該市町村の区域外にあり、所在地の市町村長の同意を得ていないとき等は、指定をしてはならないとされる。

地域密着型通所介護に係る事業所について、児童福祉法に基づく障害児通所支援の指定、障害者総合支援法に基づく指定障害福祉サービスの指定を受けている事業者から申請があった場合、市町村で定める条例の基準を満たしている等のときは、共生型地域密着型サービス事業者の指定ができる。

市町村長は、市町村介護保険事業計画におけるサービス見込量の確保や質の向上のために特に必要があると認めるときは、期間、区域、事業を指定して、定期巡回・随時対応型訪問介護看護等を行う事業所について公募により指定を行うものとされる。

指定地域密着型サービス事業者は、市町村の条例で定める設備及び運営に関する基準に従い、要介護者の心身の状況等に応じて適切なサービスを提供するとともに、自らサービスの質の評価を行う等により、常にサービスを受ける者の立場に立って提供するように努めなければならない。また、指定地域密着型サービス事業者は、事業所ごとに、市町村の条例で定める員数の従業者を有しなければならない。市町村は、国の基準に従い、標準として、又は参酌して、この条例を定めるものとされている。ただし、市町村は、これにかかわらず従業者、設備、運営について規定の範囲内で独自の基準を定めることができる。

なお、指定の更新や、事業所の名称、所在地等の変更、事業の休廃止の届出に関する規定は、指定居宅介護サービス事業者に適用されるものと同様であるが、申請・届出先は市町村長である。

指定地域密着型介護予防サービス事業者

参照
・介護保険法　第一一五条の一二～第一一五条の二一
・指定地域密着型介護予防サービスの事業の人員、設備及び運営並びに指定地域密着型介護予防サービスに係る介護予防のための効果的な支援の方法に関する基準

指定地域密着型介護予防サービス事業者は、市町村長の指定を受けて、地域密着型介護予防サービス事業を行う事業者である。

市町村は、居宅要支援被保険者が、指定介護予防支援を受けることを市町村に届け出た上で、指定地域密着型介護予防サービス事業者から当該指定に係るサービスを受けた場合に、地域密着型介護予防サービス費を支給することとされている。

指定は、事業者の申請により、地域密着型介護予防サービスの種類ごと、事業所ごとに行う。その指定は、当該市町村の被保険者に対する地域密着型介護予防サービス費等の支給についてのみ、効力を有する。また、市町村長は、申請者が市町村の条例で定める者でないとき、従業者の知識及び技能並びに人員が条例で定める基準及び員数を満たしていないとき、設備及び運営に関する基準に従って適正な運営をすることができないと認められるとき、事業所が当該市町村の区域外にあり、所在地の市町村長の同意を得ていないとき等は、指定をしてはならない。

指定地域密着型介護予防サービス事業者は、市町村の条例で定める設備及び運営に関する基準に従い、要支援者の心身の状況等に応じて適切なサービスを提供するとともに、自らサービスの質の評価を行う等により、常にサービスを受ける者の立場に立って提供するように努めなければならない。また、指定地域密着型介護予防サービス事業者は、事業所ごとに、市町村の条例で定める員数の従業者を有しなければならない。

市町村は、国の基準に従い、標準として、又は参酌して、この条例を定めるものとされている。ただし、市町村は、これにかかわらず、同基準のうち、従業者、効果的な支援の方法、設備、運営について同基準を下回らない範囲内で独自の基準を定めることができる。

なお、指定の更新や、事業所の名称、所在地等の変更、事業の休廃止の届出に関する規定は、指定地域密着型サービス事業者に適用されるものと同様である。

指定居宅介護支援事業者

参照

・介護保険法　第八条、第四六条
　第七九条
　～第八五条
・施行規則　第一三二条
・指定居宅介護支援等の事業の人員及び運営に関する基準

指定居宅介護支援事業者は、市町村長の指定を受けて、居宅介護支援事業を行う事業者である。

指定居宅介護支援事業者は、居宅要介護被保険者が指定居宅サービスや指定地域密着型サービス等の提供を受ける際に、サービスの適切な利用等をすることができるよう、指定居宅介護支援として、居宅サービス計画を作成し、事業者等との連絡・調整等の便宜の提供を行う。

市町村は、居宅要介護被保険者が、市町村長の指定する指定居宅介護支援事業者から当該指定に係る居宅介護支援を受けた場合に、居宅介護サービス計画費を支給することとされている。

指定は、事業者の申請により、居宅介護支援事業を行う事業所ごとに行う。市町村長は、申請者が市町村の条例で定める者でないとき、介護支援専門員の員数が条例で定める員数を満たしていないとき、運営に関する基準に従って適正な居宅介護支援事業の運営をすることができないと認められるとき等は、指定をしてはならないとされている。

指定は、六年ごとに更新を受けなければ効力を失うとされている。指定の更新がされたときは、有効期間は満了の日の翌日から起算するものとされる。

指定居宅介護支援事業者は、市町村が条例で定める「指定居宅介護支援の事業の運営に関する基準」に従い、要介護者の心身の状況等に応じて適切な居宅介護支援を提供するものとされている。また、指定居宅介護支援事業者は、指定に係る事業所ごとに市町村の条例で定める員数の介護支援専門員を有しなければならない。市町村がこの条例を定める際に従う国の基準には、指定に係る事業所ごとに一人以上の常勤の介護支援専門員を置かなければならないこと、利用者の数が三五人増すごとに一人増員すること、事業所ごとに常勤の管理者を置かなければならないこと、管理者は原則として主任介護支援専門員でなければならないこと等が定められている。

なお、指定居宅介護支援事業者は、事業所の名称、所在地等に変更があったとき、又は休止した事業を再開したときは、一〇日以内に、その旨を市町村長に届け出なければならない。また、事業を廃止し、又は休止しようとするときは、一月前までに、市町村長に届け出なければならない。

指定介護予防支援事業者

参照
・介護保険法　第八条の二
　第五八条
　第一一五条の二二
　～第一一五条の三二
・施行規則　第一四〇条の三一
・指定介護予防支援等の事業の人員及び運営並びに指定介護予防支援等に係る介護予防のための効果的な支援の方法に関する基準

指定介護予防支援事業者は、市町村長の指定を受け、介護予防支援事業を行う事業者である。介護予防においては、地域包括支援センターが指定介護予防支援事業者としての役割を担うこととされており、介護予防支援の業務を行っている。

指定介護予防支援事業者は、居宅要支援被保険者が指定介護予防サービス、指定地域密着型介護予防サービス等の提供を受ける際に、サービスの適切な利用等をすることができるよう、指定介護予防支援として、介護予防サービス計画を作成し、事業者等との連絡・調整等の便宜の提供を行う。

市町村は、居宅要支援被保険者が、市町村長の指定する指定介護予防支援事業者から当該指定に係る介護予防支援を受けた場合に、介護予防サービス計画費を支給することとされている。

指定は、地域包括支援センターの設置者の申請により、介護予防支援事業を行う事業所ごとに行う。市町村長は、申請者が市町村の条例で定める者でないとき、従業者の知識及び技能並びに人員が条例で定める基準及び員数を満たしていないとき、運営に関する基準に従って適正な介護予防支援事業の運営をすることができないと認められるとき等は、指定をしてはならないとされている。

指定介護予防支援事業者は、市町村が条例で定める「指定介護予防支援に係る介護予防のための効果的な支援の方法に関する基準及び指定介護予防支援の事業の運営に関する基準」に従い、要支援者の心身の状況等に応じて適切な介護予防支援を提供するものとされている。

市町村がこの条例を定める際に従う国の基準には、指定介護予防支援事業者は、指定に係る事業所ごとに一人以上の指定介護予防支援の提供にあたる必要な数の保健師その他の指定介護予防支援に関する知識を有する担当職員を置かなければならないこと等が定められている。

なお、指定の更新や、事業所の名称、所在地等の変更、事業の休廃止の届出に関する規定は、指定居宅介護支援事業者に適用されるものと同様である。

また、令和六年度より介護予防支援を実施する指定介護予防支援事業者の指定の対象に指定居宅介護支援事業者も追加された。

介護保険施設

参照

・介護保険法　第八条
　第八六条
　〜第一一五条
・指定介護老人福祉施設の人員、設備及び運営に関する基準
・介護老人保健施設の人員、施設及び設備並びに運営に関する基準
・介護医療院の人員、施設及び設備並びに運営に関する基準

介護保険施設は、都道府県の指定又は開設許可を受けて、施設サービスを行う「指定介護老人福祉施設」、「介護老人保健施設」及び「介護医療院」の総称である。市町村は、要介護被保険者が、これらの施設に入所して指定施設サービス等を受けたときは、当該要介護被保険者に対し施設介護サービス費を支給する。

三種類の介護保険施設の基本的性格は、それぞれ、①指定介護老人福祉施設は要介護高齢者のための生活施設、②介護老人保健施設は要介護高齢者にリハビリ等を提供して、在宅復帰を目指す施設、③介護医療院は医療の必要な要介護高齢者の長期療養・生活施設といえる。なお、従前から、医療が必要な要介護高齢者の長期療養施設としての機能を担ってきた指定介護療養型医療施設は、令和六年三月に廃止されることが法令上決定されており、それ以降は、介護医療院や介護老人保健施設に転換する等の対応が求められている。

指定介護老人福祉施設の指定は、特別養護老人ホームのうち、入所定員が三〇人以上で都道府県の条例で定める数であるものの開設者の申請により行う。他方、介護老人保健施設と介護医療院は、地方公共団体、医療法人、社会福祉法人等が都道府県知事の許可を受けて開設する。なお、これらの指定及び許可は、六年ごとに更新を受けなければ効力を失う。

介護保険施設の人員、施設及び設備、運営に関する基準については、施設の種類ごとに国が定める基準に従い、又は参酌して、都道府県が条例で定めることとされている。

また、介護保険施設には、施設の居室をいくつかのグループに分けて、それぞれを一つの生活単位とし、少人数の家庭的な雰囲気の中でいわゆる「ユニットケア」を行う「ユニット型」と呼ばれる形態があり、施設及び設備、運営に関して、標準的な「従来型」とは一部異なる基準が設けられている。

施設の開設者は、都道府県の条例で定める設備及び運営に関する基準に従い、要介護者の心身の状況等に応じて適切な施設サービスを提供するとともに、自らその質の評価を行うこと等の措置を講ずることにより常にサービスを受ける者の立場に立ってこれを提供するように努めなければならない。また、被保険者から提示された被保険者証に記載されている認定審査会の意見に配慮してサービスを提供するように努めなければならない。

指定介護老人福祉施設

参照
・介護保険法　第八条
　　　　　　　第八六条
　　　　　　　～第九三条
・施行規則　第一九条
・指定介護老人福祉施設の人員、設備及び運営に関する基準

指定介護老人福祉施設は、要介護高齢者のための生活施設としての性格を持つ介護保険施設である。

指定介護老人福祉施設は、入所定員が三〇人以上の特別養護老人ホームであって、当該特別養護老人ホームに入所する要介護者に対し、施設サービス計画に基づいて、①入浴、排泄、食事等の介護その他の日常生活上の世話、②機能訓練、③健康管理、④療養上の世話といった「介護福祉施設サービス」を行うことを目的とする施設である。入所する要介護者は、原則として要介護状態区分三以上に該当する者とされている。

指定介護老人福祉施設の指定は、入所定員が三〇人以上で都道府県条例で定める数である特別養護老人ホームの開設者の申請により行う。都道府県知事は、当該申請者が規定の人員を有しないとき、設備及び運営に関する基準に従って適正な施設運営をすることができないと認められるとき等は、指定をしてはならないとされる。なお、指定の更新は六年ごとで、更新後の有効期間は満了日の翌日から起算する。

指定介護老人福祉施設の設備に関する基準は、一部を除き国の基準を参酌して都道府県の条例で定める。居室については一人を原則とし、床面積については入所者一人あたり一〇・六五平方メートル以上という国の基準に従う。その他、静養室、浴室、洗面設備、便所、医務室、食堂及び機能訓練室、廊下幅の基準が示されており、また、消火設備その他の非常災害に際して必要な設備を設ける等が掲げられている。

従業者及びその員数は、国の基準に従って都道府県の条例で定める。原則的に、医師は入所者に対し健康管理及び療養上の指導を行うために必要な数、生活指導員は常勤で入所者一〇〇人に一人以上、介護・看護職員の総数は常勤換算方法で入所者三人に一人以上、栄養士・管理栄養士、機能訓練指導員、介護支援専門員は一人以上とされ、職種により入所者の数に応じて増員される。施設従業者は施設の職務の専従者でなければならないとされる。その他、入所者のサービスの適切な利用、適切な処遇及び安全の確保並びに秘密の保持に密接に関連するものについても、国の基準に従い、定めるものとされる。

都道府県は、国の基準に従って、又は参酌して条例を定め、指定介護老人福祉施設の開設者は、要介護者の心身の状況等に応じて適切な指定介護福祉施設サービスを提供するとともに、自らその質の評価を行うこと等の措置を講ずることにより常にサービスを受ける者の立場に立って提供するように努めなければならないとされる。

介護老人保健施設

参照
・介護保険法　第八条
第九四条
～第一〇六条
・介護老人保健施設の人員、施設及び設備並びに運営に関する基準

介護老人保健施設は、要介護高齢者にリハビリ等を提供して在宅復帰を目指す性格の介護保険施設である。

　介護老人保健施設は、主としてその心身の機能の維持・回復を図り、居宅における生活を営むことができるようにするための支援が必要である要介護者に対し、施設サービス計画に基づいて、①看護、②医学的管理の下における介護、③機能訓練等の必要な医療、④日常生活上の世話といった「介護保健施設サービス」を行うことを目的とする施設として、都道府県知事の開設許可を受けたものである。入所する要介護者は、病状が安定期にあり、介護保健施設サービスを必要とする者に限られる。

　都道府県知事から介護老人保健施設の開設許可を受けられるのは、地方公共団体、医療法人、社会福祉法人等である。開設許可があったときは、居宅サービスである短期入所療養介護、通所リハビリテーションについても指定があったとみなされる。なお、開設許可の更新は六年ごとで、更新後の有効期間は満了日の翌日から起算する。

　介護老人保健施設は、原則として都道府県知事の承認を受けた医師に管理させなければならない。また、介護老人保健施設は療養室、診察室及び機能訓練室は、国の基準の定めるところにより有しなければならないほか、原則として、談話室、食堂、浴室、レクリエーション・ルーム、洗面所、便所、サービス・ステーション、調理室、洗濯室又は洗濯場、汚物処理室を有しなければならない。

　従業者のうち、医師及び看護師については国の基準で定める員数を有しなければならない。具体的には、従業者の員数は、原則的に、医師は入所者一〇〇人に対して常勤換算で一人以上、介護・看護職員の総数は常勤換算で入所者三人に対して一人以上かつ看護職員の数は総数の七分の二程度、介護支援専門員は入所者一〇〇人に対して一人以上、その他支援相談員、医学療法士・作業療法士・言語聴覚士、栄養士・管理栄養士、薬剤師、調理師、事務員等を規定の員数以上置くべきとしている。

　小規模の介護老人保健施設であるサテライト型、医療機関併設型、分館型の三類系については、人員基準や施設・設備基準が一部緩和されている。

　都道府県は、国の基準に従って、又は参酌して条例を定め、介護老人保健施設の開設者は、その条例に従って、要介護者の心身の状況等に応じて適切な介護保健施設サービスを提供するとともに、自らその質の評価を行うこと等の措置を講ずることにより常にサービスを受ける者の立場に立って提供するように努めなければならない。

介護医療院

> **参照**
> ・介護保険法　第八条
> 　第一〇七条～第一一五条
> ・介護医療院の人員、施設及び設備並びに運営に関する基準

介護医療院は医療の必要な要介護高齢者の長期療養・生活施設としての基本的性格を有する介護保険施設である。

介護医療院は、主として長期にわたり療養が必要である要介護者に対し、施設サービス計画に基づいて、①療養上の管理、②看護、③医学的管理の下における介護、④機能訓練等の必要な医療、⑤日常生活上の世話といった「介護医療院サービス」を行うことを目的とする施設として、都道府県知事の許可を受けたものである。入所する要介護者は、病状が比較的安定期にあり、重篤な身体疾患を有する者、身体合併症を有する認知症高齢者等その他の者で、介護医療院サービスを必要とする者に限られる。

都道府県知事から介護医療院の開設許可を受けられるのは、地方公共団体、医療法人、社会福祉法人等である。開設許可があったときは、居宅サービスである短期入所療養介護と通所リハビリテーションについても指定があったものとみなされる。なお、開設許可の更新は六年ごとである。

介護医療院は、原則として都道府県知事の承認を受けた医師に管理させなければならない。また、介護療養院は療養室、診察室、処置室及び機能訓練室を国の基準の定めるところにより有しなければならないほか、談話室、食堂、浴室、レクリエーション・ルーム、洗面所、便所、サービス・ステーション、調理室、洗濯室又は洗濯場、汚物処理室を有しなければならない。療養室の療養床は、重篤な身体疾患を有する者等を入所させる「Ⅰ型療養床」と、それ以外の「Ⅱ型療養床」がある。

従業者のうち、医師及び看護師については、国の基準で定める員数を有しなければならない。具体的には、原則的に、医師は常勤換算でⅠ型入所者四八人に対して一人以上、Ⅱ型入所一〇〇人に対して一人以上、看護職員は常勤換算で入所者六人に対して一人以上、介護職員は常勤換算でⅠ型入所者五人に対して一人以上、Ⅱ型入所者六人に対して一人以上、介護支援専門員は入所者一〇〇人に対して一人以上、その他理学療法士・作業療法士・言語聴覚士、栄養士・管理栄養士、診療放射線技師、薬剤師、調理師、事務員等を規定の員数以上置くべきとしている。

都道府県は、国の基準に従って、又は参酌して条例を定め、介護医療院の開設者は、その条例に従って、要介護者の心身の状況等に応じて適切な介護医療院サービスを提供するとともに、自らその質の評価を行うこと等の措置を講ずることにより常にサービスを受ける者の立場に立って提供するように努めなければならない。

第6章　地域支援事業

地域支援事業

参照
・介護保険法　第一一五条の四五
　　　　　　　第一一五条の四六
・地域支援事業の実施について

地域支援事業は、被保険者が要介護状態等となることの予防や地域における自立した日常生活の支援等を総合的かつ一体的に行うため、また、要介護状態等となった場合においても、可能な限り、地域において自立した日常生活を営むことができるよう支援する等のため、市町村が実施する事業である。地域支援事業実施要綱によると、地域における包括的な相談及び支援体制、多様な主体の参画による日常生活の支援体制、在宅医療と介護の連携体制及び認知症高齢者への支援体制の構築等を一体的に推進するものとされている。

地域支援事業の種類には、次のものがある。

① 介護予防・日常生活支援総合事業
被保険者が要介護状態等となることの予防又は要介護状態等の軽減もしくは悪化の防止及び地域における自立した日常生活の支援のための施策を総合的かつ一体的に行うための事業

② 包括的支援事業
被保険者が要介護状態等となることを予防し、要介護状態等となった場合においても、可能な限り、地域において自立した日常生活を営むことができるよう支援するため行う事業

③ 任意事業
①、②の事業のほか、行うことができる事業

地域支援事業のうち、介護予防ケアマネジメントなどの包括的支援事業は、市町村又は市町村から委託を受けて老人介護支援センターの設置者等が設置する地域包括支援センターが実施する。

その実施方法については、介護保険法等の関係法令のほか、介護予防・日常生活支援総合事業のガイドライン、地域支援事業実施要綱の定めるところによるとされている。

また、市町村及び地域支援事業の実施について市町村から委託を受けた者等は、地域支援事業の利用者に対し、介護予防・日常生活支援総合事業のうちの一つである介護予防把握事業に係る費用を除いて、利用料を請求することができるとされている。利用料に関する事項は、地域の実情や各事業の内容に応じて、市町村が決定する。また、利用料の額の設定にあたっては、予防給付及び介護予防・日常生活支援総合事業との均衡等を勘案しながら、適切に設定することとされている。

令和五年の全世代対応型の持続可能な社会保障制度を構築するための健康保険法等の一部を改正する法律により、地域支援事業に、被保険者・事業者等関係者が被保険者に係る情報を共有・活用することを促進する事業が追加され公布日から四年を超えない範囲内で施行されることとなっている。

介護予防・日常生活支援総合事業

参照
・介護保険法　第一一五条の四五
・施行規則　第一四〇条の六二の三
・介護予防・日常生活支援総合事業の適切かつ有効な実施を図るための指針

市町村は、被保険者が要介護状態等となることの予防又は要介護状態等の軽減もしくは悪化の防止及び地域における自立した日常生活の支援のための施策を総合的かつ一体的に行うため、介護予防・日常生活支援総合事業を行うものとされる。

介護予防・日常生活支援総合事業は、「介護予防・生活支援サービス事業」と、「一般介護予防事業」から構成されており、その概要は次のようなものである。

（一）介護予防・生活支援サービス事業（第一号事業）

① 訪問型サービス（第一号訪問事業）

居宅要支援被保険者等※の介護予防を目的として、当該居宅要支援被保険者等の居宅において、日常生活上の支援を行う事業

※ 居宅要支援被保険者その他の厚生労働省令で定める被保険者

② 通所型サービス（第一号通所事業）

居宅要支援被保険者等の介護予防を目的として、当事業を実施するために必要な広さを有する施設において、日常生活上の支援又は機能訓練を行う事業

③ その他生活支援サービス（第一号生活支援事業）

介護予防サービス事業や地域密着型介護予防サービス事業又は第一号訪問事業や第一号通所事業と一体的に行われる場合に効果があると認められる、居宅要支援被保険者等の自立した日常生活の支援として行う事業

④ 介護予防ケアマネジメント（第一号介護予防支援事業）

居宅要支援被保険者等※の介護予防を目的として、その心身の状況やその置かれている環境などの状況に応じて、その選択に基づき、第一号訪問事業、第一号通所事業又は第一号生活支援事業などが包括的かつ効率的に提供されるよう必要な援助を行う事業

※ 指定介護予防支援又は特例介護予防サービス計画費に係る介護予防支援を受けている者を除く。

（二）一般介護予防事業

第一号被保険者の要介護状態等となることの予防又は要介護状態等の軽減もしくは悪化の防止のため必要な事業※

※ 介護予防サービス事業及び地域密着型介護予防サービス事業並びに第一号訪問事業及び第一号通所事業を除く。

介護予防・生活支援サービス事業

参照
・介護保険法　第一一五条の四五
・地域支援事業の実施について

介護予防・生活支援サービス事業は、要支援者等に対して、要介護状態等となることの予防又は要介護状態等の軽減もしくは悪化の防止と、地域における自立した日常生活の支援を実施することにより、一人ひとりの生きがいや自己実現のための取組を支援し、活動的で生きがいのある生活や人生を送ることができるように支援する事業である。

また、要支援者等の多様な生活支援のニーズに対して、従前の予防給付であった介護予防訪問介護及び介護予防通所介護※により提供されていた専門的なサービスに加え、住民等の多様な主体が参画し、多様なサービスが充実することにより、要支援者等に対する効果的かつ効率的な支援等を可能とし、地域の支え合いの体制づくりを推進することを目的としている。

※　要支援者に対する訪問介護・通所介護は、平成二六年改正により地域支援事業に移行した。

事業の実施に際しては、第一号介護予防支援事業（介護予防ケアマネジメント）により、個々の要支援者等の心身の状況、その置かれている環境その他の状況に応じて、要支援者等の選択に基づき、適切な事業を包括的かつ効率的に実施するものとされる。事業対象者は居宅要支援被保険者及び規定の「基本チェックリスト」によって基準に該当した者である。

介護予防・生活支援サービス事業には、①訪問型サービス（第一号訪問事業）、②通所型サービス（第一号通所事業）、③その他生活支援サービス（第一号生活支援事業）、④介護予防ケアマネジメント（第一号介護予防支援事業）があり、これらすべてを「第一号事業」と総称している。

サービスの提供方法には、①市町村の直接実施、②国の定める基準に適合する者に対して委託して実施、③指定事業者による実施、④ＮＰＯ法人やボランティア等に対する補助（助成）の方法による実施がある。

従前の介護予防訪問介護等に相当するサービスに係る第一号事業支給費の額（サービス単価）は、指定事業者による実施の場合は、国が定める介護予防訪問介護等の単価を上限として市町村において定めることとされ、訪問介護員等による専門的サービスであること等を踏まえ、地域の実情に応じ、ふさわしい単価を定めるとされている。

また、市町村の直接実施における費用の額、委託実施における委託費、補助（助成）実施における補助額は、それぞれの利用者見込数で除して得た額が、介護予防訪問介護等の単価以下の額となるように設定するとされている。利用者負担は、市町村がサービス内容や時間、基準等を踏まえ、要綱等において定める。

一般介護予防事業

参照
・介護保険法　第一一五条の四五
・地域支援事業の実施について
・介護予防・日常生活支援総合事業の適切かつ有効な実施を図るための指針

一般介護予防事業は、第一号被保険者の要介護状態等となることの予防又は要介護状態等の軽減もしくは悪化の防止のため必要な事業で、予防給付の介護予防等を除くものとされる。

「地域支援事業の実施について」によれば、その目的は、市町村の独自財源で行う事業や地域の互助、民間サービスとの役割分担を踏まえつつ、高齢者を年齢や心身の状況等によって分け隔てることなく、住民主体の通いの場を充実させ、人と人とのつながりを通じて、参加者や通いの場が継続的に拡大していくような地域づくりを推進するとともに、地域においてリハビリテーションに関する専門的知見を有する者を活かした自立支援に資する取組を推進し、要介護状態になっても生きがい・役割をもって生活できる地域を構築することにより、介護予防を推進することとされる。

対象者は、全ての第一号被保険者及びその支援のための活動に関わる者とされる。ただし、住民主体の通いの場に六五歳未満の住民が参加し、ともに介護予防に取り組むことを妨げるものではないとされる。

その事業には、次のようなものがある。

① 介護予防把握事業

地域の実情に応じ、効果的かつ効率的に収集した情報等を活用して、閉じこもり等の何らかの支援を要する者を早期に把握し、住民主体の介護予防活動へつなげることを目的とする事業。

② 介護予防普及啓発事業

パンフレット等の作成及び配布、有識者による講演会・相談会の開催、介護予防教室の開催など、市町村が介護予防に資すると判断した内容を実施する事業。

③ 地域介護予防活動支援事業

人材育成や地域活動組織の育成及び支援など、誰でも一緒に参加することができる介護予防活動の地域展開を目指して、住民主体の通いの場等の活動を支援することを目的とする事業。

④ 一般介護予防事業評価事業

介護保険事業計画において定める目標値の達成状況等の検証を通じ、一般介護予防事業を含め、地域づくりの観点から総合事業全体を評価し、その評価結果に基づき事業全体の改善を目的とする事業。

⑤ 地域リハビリテーション活動支援事業

住民や介護職員等への介護予防に関する技術的助言、地域ケア会議やサービス担当者会議におけるケアマネジメント支援など、市町村が地域における介護予防の取組を機能強化する効果があると判断した内容を実施する事業。

包括的支援事業

参照
・介護保険法　第一一五条の四五
　　　　　　　第一一五条の四六
　　　　　　　第一一五条の四八

市町村は、被保険者が要介護状態等となることを予防するとともに、要介護状態等となった場合においても、可能な限り、地域において自立した日常生活を営むことができるよう支援するため、包括的支援事業を行うものとされる。その内容は、「地域包括支援センターの運営」と「社会保障充実分」という二つの内容に大別される。

（一）地域包括支援センターの運営には、次のようなものがある。

①　総合相談支援業務
　被保険者の心身の状況、居宅における生活の実態などの実情の把握、保健医療・公衆衛生・社会福祉などの施策に関する総合的な情報提供、関係機関との連絡・調整など、被保険者の保健医療の向上及び福祉の増進を図るための総合的な支援を行う事業。

②　権利擁護業務
　被保険者に対する虐待の防止やその早期発見のための事業など、被保険者の権利擁護のため必要な援助を行う事業。

③　包括的・継続的ケアマネジメント支援業務
　保健医療・社会福祉に関する専門家による被保険者の居宅サービス計画、施設サービス計画及び介護予防サービス計画の検証、被保険者の心身の状況や介護サービスの利用状況などに関する定期的な協議等を通じ、当該被保険者が地域において自立した日常生活を営むことができるよう、包括的かつ継続的な支援を行う事業。

（二）社会保障充実分には、次のようなものがある。

①　在宅医療・介護連携推進事業
　医療に関する専門家が、介護サービス事業者、在宅医療を提供する医療機関等の関係者の連携を推進する事業。

②　生活支援体制整備事業
　被保険者の地域における自立した日常生活の支援や、要介護状態等となることの予防又は要介護状態等の軽減もしくは悪化の防止のための体制整備などを促進する事業。

③　認知症総合支援事業
　保健医療・社会福祉に関する専門家による認知症の早期における症状悪化の防止のための支援など、認知症である又はその疑いのある被保険者に対する総合的な支援を行う事業。

④　地域ケア会議推進事業
　包括的・継続的ケアマネジメント業務の効果的な実施のために、介護支援専門員、保健医療・社会福祉に関する専門家、民生委員などの関係者や関係機関、関係団体により構成される地域ケア会議の設置に努め推進する事業。

任意事業

参照
・介護保険法　第一一五条の四五
・地域支援事業の実施について

市町村は、介護予防・日常生活支援総合事業及び包括的支援事業のほか、地域支援事業として、任意事業を行うことができるとされる。「地域支援事業の実施について」によれば、その目的は、地域の高齢者が、住み慣れた地域で安心してその人らしい生活を継続していくことができるようにするため、介護保険事業の運営の安定化を図るとともに、被保険者及び要介護被保険者を現に介護する者等に対し、地域の実情に応じた必要な支援を行うこととされている。

対象者は、原則として、被保険者、要介護被保険者を現に介護する者その他個々の事業の対象者として市町村が認める者である。

任意事業には、次のものがある。

(一)　介護給付等費用適正化事業

介護（予防）給付について真に必要な介護サービス以外の不要なサービスが提供されていないかの検証、本事業の趣旨の徹底や良質な事業展開のために必要な情報の提供、介護サービス事業者間による連絡協議会の開催等により、利用者に適切なサービスを提供できる環境の整備を図るとともに、介護給付等に要する費用を適正化するために実施する事業である。具体的には、次のようなものがある。

① 認定調査状況チェック
② ケアプランの点検
③ 住宅改修等の点検
④ 医療情報との突合・縦覧点検
⑤ 介護給付費通知
⑥ 給付実績を活用した分析・検証事業
⑦ 介護サービス事業者等への適正化支援事業

(二)　家族介護支援事業

介護方法の指導その他の要介護被保険者を現に介護する者の支援のため必要な事業である。具体的には、次のようなものがある。

① 介護教室の開催
② 認知症高齢者見守り事業
③ 家族介護継続支援事業

(三)　その他の事業

介護保険事業の運営の安定化及び被保険者の地域における自立した日常生活の支援のため必要な事業である。具体的には、次のようなものがある。

① 成年後見制度利用支援事業
② 福祉用具・住宅改修支援事業
③ 認知症対応型共同生活介護事業所の家賃等助成事業
④ 認知症サポーター等養成事業
⑤ 重度のＡＬＳ患者の入院におけるコミュニケーション支援事業
⑥ 地域自立生活支援事業

地域包括支援センター

参照
・介護保険法　第一一五条の四六
　　　　　　　第一一五条の四七
・地域包括支援センターの設置運営について

　地域包括支援センターは、地域住民の心身の健康の保持及び生活の安定のために必要な援助を行うことにより、その保健医療の向上及び福祉の増進を包括的に支援することを目的とする施設であり、包括的支援事業等を地域において一体的に実施する役割を担う中核的機関として設置されている。令和五年四月末現在、全国で約五、四三一か所（ブランチ・サブセンターを合わせると七、三九七か所）が設置されている。

　市町村は、地域包括支援センターを設置することができる。また、市町村は、包括的支援事業（社会保障充実分を除く）を、その実施方針を示して、一括して老人介護支援センターの設置者、一部事務組合や広域連合を組織する市町村、医療法人、社会福祉法人、包括的支援事業を実施することを目的とする一般社団法人・一般財団法人、特定非営利活動法人等に委託することができる。この委託を受けた者は、あらかじめ市町村長に届け出て、地域包括支援センターを設置することができる。

　市町村は、地域包括支援センターの目的を達成するため、①適切な人員体制の確保、②市町村との役割分担及び連携の強化、③センター間における役割分担と連携の強化、④効果的なセンター運営の継続を踏まえながら、センターにおいて適正に事業を実施することができるよう、その体制の整備に努めなければならない。

　地域包括支援センターの業務内容は、①包括的支援事業、②多職種協働による地域包括支援ネットワークの構築、③地域ケア会議の実施、④指定介護予防支援、⑤その他、委託を受けて行う居宅要支援被保険者に係る第一号介護予防支援事業、一般介護予防事業、任意事業などが挙げられる。

　なお、地域包括支援センターが行う包括的支援事業は、センターの目的に沿って、地域住民の保健医療の向上及び福祉の増進を包括的に支援するため、①総合相談支援業務、②権利擁護業務、③包括的・継続的ケアマネジメント支援業務のほか、居宅要支援被保険者に係るものを除いた第一号介護予防支援事業を一体的に実施するとされる。それぞれの業務の有する機能の連携が重要であるため、市町村がこれらの業務の実施を委託する場合には、一括して委託しなければならないとされる。

　また、これらの業務とは別に、市町村が取り組む④在宅医療・介護連携推進事業、⑤生活支援体制整備事業、⑥認知症総合支援事業の全部又はその一部についても、センターに委託することが可能となっている。

第7章　介護保険事業計画

基本指針

参照
・介護保険法　第一一六条
・介護保険事業に係る保険給付の円滑な実施を確保するための基本的な指針

基本指針は、市町村及び都道府県が三年を一期として定める市町村介護保険事業計画及び都道府県介護保険事業支援計画の策定に資するため、国が定める指針である。

厚生労働大臣は、医療介護総合確保法に規定する総合確保方針に即して、基本指針を定めるものとされ、次の事項を含むものとされる。

一　介護給付等対象サービスを提供する体制の確保及び地域支援事業の実施に関する基本的事項

二　市町村介護保険事業計画において介護給付等対象サービスの種類ごとの量の見込みを定めるにあたって参酌すべき標準等の当該市町村介護保険事業計画及び都道府県介護保険事業支援計画の作成に関する事項

三　その他介護保険事業に係る保険給付の円滑な実施を確保するために必要な事項

現在の指針は、令和六年度から令和八年度まで（第九期）のものであり、その前文では、概ね次のようなことが述べられている。

高齢化が進展していく中で、団塊世代全てが七五歳以上となる、二〇二五年を見据え、地域包括ケアシステムを各地域の実情に応じて深化・推進してきたところである。

更にその先を展望すると団塊ジュニア世代が六五歳以上となる二〇四〇年に向け、高齢者人口がピークを迎える。また、医療・介護の複合的ニーズを有する慢性疾患等の高齢者が増加しており、医療・介護の連携の必要性が高まっている。人口構成の変化や介護需要の動向は地域ごとに異なり、中山間地域等では介護の資源が非常に脆弱な地域も存在する。こうした各地域の中長期的な介護ニーズ等の状況に応じた介護サービス基盤を医療提供体制と一体的に整備していくことが重要である。また、地域包括ケアシステムを支える人材の確保や介護現場における生産性の向上の推進等が重要である。

この指針は、こうした状況を踏まえ、中長期的な目標を示した上で、第九期の市町村介護保険事業計画及び都道府県介護保険事業支援計画の策定のための基本的事項を定めるとともに、地域の実情に応じた介護給付等対象サービスを提供する体制の確保及び地域支援事業の実施が計画的に図られるようにすることを目的とするものである。

なお、今期の基本指針では、特に以下の項目について、記載が充実されている。

一　介護サービス基盤の計画的な整備

二　地域包括ケアシステムの深化・推進に向けた取組

三　地域包括ケアシステムを支える介護人材確保及び介護現場の生産性向上

市町村介護保険事業計画

参照
・介護保険法　第一一七条
・介護保険事業に係る保険給付の円滑な実施を確保するための基本的な指針

市町村介護保険事業計画は、市町村が基本指針に即して、三年を一期として定める介護保険事業に係る保険給付の円滑な実施に関する計画である。

市町村介護保険事業計画は、次の事項を含むものとされる。

一　日常生活圏ごとの当該区域における各年度の認知症対応型共同生活介護、地域密着型特定施設入居者生活介護及び地域密着型介護老人福祉施設入所者生活介護に係る必要利用定員総数その他の介護給付等対象サービスの種類ごとの量の見込み

二　各年度における地域支援事業の量の見込み

三　被保険者の地域における自立した日常生活の支援、要介護状態等となることの予防又は要介護状態等の軽減もしくは悪化の防止及び介護給付等に要する費用の適正化に関し、市町村が取り組むべき施策に関する事項

四　三に掲げる事項の目標に関する事項

市町村には、例えば、保険料率の設定やサービス事業者の指定等の際に、介護保険事業計画に定められた内容に沿って行うことが求められる。

この他、地域の実情に応じて定めるよう努める任意記載事項がある。

国の基本指針によると、市町村は、介護保険制度の基本的理念や介護報酬の内容を踏まえるとともに、各々の地域的条件や地域包括ケアシステムの深化・推進のための地域づくりの方向性を勘案して、基本指針に定めるサービス提供体制の確保及び事業実施に関する基本的事項の趣旨に沿った基本理念を定め、目的及び地域の実情に応じた地域包括ケアシステムの特色を明確にした市町村介護保険事業計画を作成することが重要であるとしている。

そして、具体的には、市町村においては、①それぞれの地域の実態把握・課題分析を行い、②当該実態把握・課題分析を踏まえ、地域における共通の目標を設定し、関係者間で共有するとともに、その達成に向けた具体的な計画を作成し、③この計画に基づき、地域の介護資源の発掘や基盤整備、多職種連携の推進、効率的なサービス提供も含め、自立支援や介護予防に向けた様々な取組を推進して、④これらの様々な取組の実績を評価した上で、計画について必要な見直しを行う、という取組を繰り返し行い、地域をデザインする保険者機能を強化していくことが重要であるとされる。

また、この目標及び施策を地域の実情に即した実効性のある内容のものとするためには、定期的に施策の実施状況や目標の達成状況に関する調査、分析及び評価を行い、その結果について公表し、地域住民等を含めて周知していくことが重要であるとされる。

都道府県介護保険事業支援計画

参照
・介護保険法　第一一八条
・介護保険事業に係る保険給付の円滑な実施を確保するための基本的な指針

都道府県介護保険事業支援計画は、都道府県が基本指針に即して、三年を一期として定める介護保険事業に係る保険給付の円滑な実施の支援に関する計画である。

都道府県介護保険事業支援計画は、次の事項を含むものとされる。

一　各老人福祉圏域における各年度の介護専用型特定施設入居者生活介護、地域密着型特定施設入居者生活介護及び地域密着型介護老人福祉施設入所者生活介護に係る必要利用定員総数、介護保険施設の種類ごとの必要入所定員総数その他の介護給付等対象サービスの量の見込み

二　都道府県内の市町村によるその被保険者の地域における自立した日常生活の支援、要介護状態等となることの予防又は要介護状態等の軽減若しくは悪化の防止及び介護給付等に要する費用の適正化に関する取組への支援に関し、都道府県が取り組むべき施策に関する事項

三　二に掲げる事項の目標に関する事項

都道府県は、例えば、この計画の達成に支障を生ずるおそれがあるとき等は施設等の指定等をしないことができる。

この他、地域の実情に応じて定めるよう努める任意記載事項がある。

国の基本指針は、都道府県は、それぞれの地域の実情に応じた地域包括ケアシステムを深化・推進していくとともに、効率的な介護給付等対象サービスの提供により介護保険制度の持続可能性を確保していくため、各都道府県が都道府県介護保険事業支援計画の策定に当たって、要介護認定や一人当たりの介護給付等状況、施設サービスと居宅サービスの割合その他の市町村の介護保険事業の実態を他の都道府県と比較しつつ分析を行い、都道府県の実態把握や課題分析を踏まえ、取り組むべき地域課題の解決に向けた目標及び施策を都道府県介護保険事業支援計画に示すとともに、都道府県関係部局、市町村、地域の関係者と共有していくことが重要であるとしている。

また、この目標及び施策を地域の実情に即した実効性のある内容のものとするためには、定期的に施策の実施状況や目標の達成状況に関する調査、分析及び評価を行い、その結果について公表し、地域住民等を含めた関係者へ周知していくことが重要であるとしている。

介護保険等関連情報

参照
・介護保険法　第一一八条の二～第一一八条の一一

介護保険等関連情報は、次に掲げる情報をいう。

一　介護給付等に要する費用の額に関する地域別、年齢別又は要介護認定及び要支援認定別の状況など

二　被保険者の要介護認定及び要支援認定における調査に関する状況など

三　訪問介護等のサービスを利用する要介護者等の心身の状況等や、当該要介護者等に提供されるそれらのサービスの内容など

四　地域支援事業の実施の状況など

厚生労働大臣は、市町村介護保険事業計画及び都道府県介護保険事業支援計画の作成、実施及び評価並びに国民の健康の保持・増進及びその有する能力の維持・向上に資するため、市町村から提供される一及び二の情報について調査・分析を行いその結果を公表するとされ、また、三及び四の情報について調査・分析を行い、その結果を公表するよう努めるものとされる。一方で、市町村及び都道府県は、それぞれ介護保険事業計画及び介護保険事業支援計画を作成する際に、介護保険等関連情報について公表された結果を勘案するよう努めるものとされる。

厚生労働大臣は、必要があるときは、都道府県、市町村、介護サービス事業者及び特定介護予防・日常生活支援総合事業を行う者に対し、介護保険等関連情報を提供するよう求めることができる。

また、厚生労働大臣は、国民の保健医療の向上及び福祉の増進に資するため、国の他の行政機関及び地方公共団体、大学等の研究機関、一定の民間事業者等に、手数料の納入を受け、特定の被保険者等を識別すること等ができないように匿名化した介護保険等関連情報を提供することができるとされる。ただし、提供を受けられるのは、これらの者のうち、例えば、地方公共団体であれば保険給付に係る保健医療サービス及び福祉サービスに関する施策等の企画及び立案に関する調査など、提供を受けて行うことに相当の公益性を有する業務を行う者である。

匿名化した介護保険等関連情報を利用する者は、その情報から削除された記述等を取得したり、他の情報と照合したりすることが禁じられている。また、その情報の漏えい、滅失又は毀損の防止その他の安全管理措置を講じなければならないとされる。さらに、その内容をみだりに他人に知らせ、又は不当な目的に利用してはならず、違反したものは、一年以下の懲役若しくは五〇万円以下の罰金に処し、又は併科するとされる。

第8章　費用の負担

保険料

参照
・介護保険法　第一二九条
　　　　　　　第一三〇条
・施行令　　　第三八条

社会保険における保険料とは、保険者が保険給付等の事業を行うための財源として、被保険者に対して賦課し、徴収する費用である。

市町村は、介護保険の保険者として、介護保険事業に要する費用に充てるために、毎年度、保険料を賦課・徴収しなければならないが、ここでいう保険料は、第一号被保険者に係るものに限られる。第二号被保険者に係る保険料は、医療保険者によって医療保険料の一部として徴収され、社会保険診療報酬支払基金に納付された後、交付金として市町村に交付される。

保険料率は、政令で定める基準に従い条例で定めるところによるが、概ね次の式の通りである。

［基準額］×［所得段階別割合］＝［保険料率］

「基準額」は、三年を一期とする計画期間ごとに、保険料収納必要額を第一号被保険者数で頭割りする考えを基本にしており、概ね次のような式により算定される。

［保険料収納必要額］÷［予定保険料収納率］÷［補正第一号被保険者数］＝［基準額］

保険料収納必要額は、計画期間における各年度の保険給付費等の見込額から、国庫負担金等の見込額を控除した額である（左式参照）。予定保険料収納率は、計画期間における各年度に賦課すべき保険料総額に占める各年度に収納する保険料の見込総額の割合である。補正第一号被保険者数は、計画期間における各年度について第一号被保険者数の見込み数を全員が基準額を納めるとした場合の人数に換算したものである。

「所得段階別割合」は、市町村民税の課税状況等による所得段階別の区分に応じて設定される。負担能力の高い者については基準額より高い額を、負担能力の低い者については、基準額より低い額を課す仕組みになっている。政令で定められた標準的な割合は、次表を参照されたい。

市町村が定める保険料率は、市町村介護保険事業計画に定める介護給付等対象サービスの見込量等に基づいて算定した保険給付に要する費用の予想額、財政安定化基金拠出金の納付や財政安定化基金からの借入金の償還に要する費用の予定額、地域支援事業及び保健福祉事業に要する費用の予定額、第一号被保険者の所得の分布状況及びその見通し、国庫負担等の額等に照らし、おおむね三年を通じ財政の均衡を保つことができるものでなければならないとされる。

保険料収納必要額	＝	給付費等の見込額	−	負担金等の見込額
		・介護給付費・予防給付費 ・市町村特別給付 ・地域支援事業費 ・保健福祉事業費 ・財政安定化基金拠出金 ・財政安定化基金償還金 ・その他（事務費関係を除く）		・国・都道府県・市町村負担金 ・調整交付金 ・地域支援事業に対する国・都道府県の交付金 ・保険者機能強化推進交付金・保険者努力支援交付金（介護保険事業にあてる部分に限る） ・介護給付費交付金 ・地域支援事業支援交付金 ・国・都道府県からの補助（上記以外） ・その他（事務費関係を除く）

標準割合

段階	対象者	保険料率
第１段階	・生活保護受給者 ・市町村民税世帯非課税かつ老齢福祉年金受給者 ・市町村民税世帯非課税かつ本人年金収入等80万円以下	基準額X0.455
第２段階	市町村民税世帯非課税かつ本人年金収入等80万円超120万円以下	基準額X0.685
第３段階	市町村民税世帯非課税かつ本人年金収入等120万円超	基準額X0.69
第４段階	本人が市町村民税非課税（世帯に課税者がいる）かつ本人年金収入等80万円以下	基準額X0.9
第５段階	本人が市町村民税非課税（世帯に課税者がいる）かつ本人年金収入等80万円超	基準額X1.0
第６段階	本人が市町村民税課税かつ合計所得金額120万円未満	基準額X1.2
第７段階	本人が市町村民税課税かつ合計所得金額120万円以上210万円未満	基準額X1.3
第８段階	本人が市町村民税課税かつ合計所得金額210万円以上320万円未満	基準額X1.5
第９段階	市町村民税課税かつ合計所得金額320万円以上420万円以下	基準額X1.7
第10段階	市町村民税課税かつ合計所得金額420万円以上520万円以下	基準額X1.9
第11段階	市町村民税課税かつ合計所得金額520万円以上620万円以下	基準額X2.1
第12段階	市町村民税課税かつ合計所得金額620万円以上720万円以下	基準額X2.3
第13段階	市町村民税課税かつ合計所得金額720万円以上	基準額X2.4

年金収入等＝公的年金等の収入金額及びその他の合計所得金額の合計額
「その他の合計所得金額」は、合計所得金額から公的年金収入に係る雑所得を控除した額

特別徴収

> **参照**
> ・介護保険法　第一三一条
> 第一三四条
> ～第一四一条の二

介護保険における特別徴収とは、老齢（退職）年金、障害年金、遺族年金等の支払いをする年金保険者に、いわゆる「年金天引き」によって保険料を徴収させ、市町村に納入させることをいう。

特別徴収の対象者は、原則として六五歳以上の老齢等年金受給者で、支払いを受けるべき老齢等年金給付の年額が一八万円以上のものである。

年金保険者は、四月一日現在において特別徴収の対象者を把握し、氏名、住所等の事項を同日現在に住所を有する市町村に、五月三一日までに通知しなければならないとされる。通知は、日本年金機構から、国保中央会を経由し、国保連合会から市町村へ送付される。市町村は、この通知がなされた第一号被保険者の保険料を、特別徴収の方法によって徴収する。市町村は、特別徴収を行う旨、支払回数割保険料額等を特別徴収義務者（年金保険者）及び特別徴収対象被保険者に通知する。この通知を受けた場合、特別徴収義務者は、当該年一〇月から翌年三月まで、年金の支払回数で割った保険料の額（支払回数割保険料額）を年金給付の支払いの都度徴収し、翌月一〇日までに市町村に納入する義務を負う。その額は、特別徴収の対象となる保険料額から九月までに徴収する額の合計額を控除し、残りの支払回数で割った額とされる。そして、翌年度の四月から九月までは、当該年度の一〇月から三月までの間、特別徴収により徴収した支払回数割保険料額に相当する額を特別徴収により仮徴収する。

一方、四月一日時点では、六五歳に達していなかった等で特別徴収の対象者ではなかったが、年度途中（四月二日以降）に対象者となる者もいる。具体的には、①年金給付を受けることとなった六五歳以上の者、②年金の支払いを受けている者のうち六五歳に達したもの、③住所変更を行った特別徴収対象者であり、原則的には、以下のような月次処理で特別徴収が行われる。

対象者の把握は六、八、一〇、一二、二月に行われる。この場合、特別徴収は翌年度の初日から開始され、翌年度の九月までは、当該年度の保険料額に基づく支払回数割保険料額の見込額を特別徴収によって徴収するものとされる。六、八月に把握された者については、当該年度の保険料の一部を、特別徴収によって徴収することができるとされる。この場合、当該年度の一〇月から三月までの間に適用した支払回数割保険料額に相当する額を、翌年度の四月から九月までの間において仮徴収する。

月次捕捉における通知時期

対象者	年金保険者→市町村 （追加候補者情報）	市町村→年金保険者 （追加依頼情報）	年金からの 特別徴収開始月
6月捕捉	8月10日まで	10月20日まで （2月20日まで）	12月 （4月）
8月捕捉	10月10日まで	12月20日まで （2月20日まで）	2月 （4月）
10月捕捉	12月10日まで	2月20日まで	4月
12月捕捉	2月10日まで	4月20日まで	6月
2月捕捉	4月10日まで	6月20日まで	8月

＊6月、8月の捕捉対象者は、市町村の判断で特別徴収の開始時期を選択可能です（市町村単位）。
ただし、同一時期の通知に係る介護、国保及び後期高齢の特別徴収の開始時期は同時期とします（開始時期を4月とする場合は、カッコ内スケジュール となります）。

普通徴収

参照
・介護保険法　第一三一条
　　　　　　　第一三二条
　　　　　　　第一三三条
　　　　　　　第一四四条の二

介護保険における普通徴収とは、保険料を特別徴収（年金天引き）の方法によらずに、市町村が納入の通知をして、直接徴収する方法をいう。

保険料の徴収は、特別徴収の方法による場合を除くほか、普通徴収の方法によらなければならないとされている。普通徴収は、納付義務者に対して、地方自治法第二三一条の規定により納入の通知をすることによって保険料を徴収することである。

普通徴収によって行う保険料徴収の納付義務者はその対象となる第一号被保険者であり、その者が属する世帯の世帯主やその者の配偶者は、連帯して納付する義務を負うとされる。

特別徴収が行われずに普通徴収が行われるのは、主に次のような場合である。

（一）　市町村が、特別徴収の対象者が少ない等の理由で普通徴収のみを行う場合
（二）　災害等による徴収猶予等の、特別徴収を行うことが困難な場合
（三）　特別徴収の対象となる老齢（退職）・障害・遺族年金給付を受けていない場合（老齢福祉年金のみの受給者等）
（四）　特別徴収対象の老齢等年金給付の額が、すべて年額一八万円未満である場合
（五）　特別徴収対象の老齢等年金給付の支給が停止されていること、または、支払調整や差止・支給停止等により年額一八万円未満となる場合

普通徴収の方法によって徴収する保険料の納期は、当該市町村の条例で定めることとされている。

また、市町村は、普通徴収の方法によって徴収する保険料の収納の事務については、収入の確保及び第一号被保険者の便益の増進に寄与すると認める場合に限り、私人（金融機関やコンビニエンスストアなど）に委託することができるとされる。

低所得者に対する保険料の軽減

参照
・施行令　第三八条
　　　　　第三九条

介護保険料の額は、負担能力に応じた負担を求める観点から、基準額に所得段階別の区分に応じて設定される割合を乗じた額とされ、負担能力の低い者には、基準額より低い額を課する仕組みになっている。

市町村は、原則として政令で定める標準的な所得区分・割合に基づいて条例を定め、保険料率を算定するが、被保険者の所得分布の状況などを考慮して必要がある場合には、所得区分の数や割合を弾力的に設定することができる。

政令の基準である標準割合は、第一段階から第十三段階まではそれぞれ①〇・四五五、②〇・六八五、③〇・六九、④〇・九、⑤一・〇、⑥一・二、⑦一・三、⑧一・五、⑨一・七、⑩一・九、⑪二・一、⑫二・三、⑬二・四と設定されているが、市町村はこれらの割合を変更することができる。

また、第六段階から第十三段階までの各段階を一つ上の段階と区分する基準所得金額は、被保険者の合計所得金額がそれぞれ⑥一二〇万円、⑦二一〇万円、⑧三二〇万円、⑨四二〇万円、⑩五二〇万円、⑪六二〇万円、⑫七二〇万円（令和六年度～令和八年度）であることとされているが、市町村はこの金額を変更することができる。

さらに、市町村は、市町村民税本人課税層となる第六段階以上の所得区分を増やし、全部で一四段階以上に設定することができる。

ただし、市町村の裁量でこれらの割合や額、区分数を変更するにあたっては、保険料収納必要額を保険料により確保することができるようにしなければならない。

こうした措置により、例えば、高所得者の標準割合を高めに、低所得者を低めに変更することで、高所得者から所得に応じた負担を求めることが可能となり、低所得者の負担を軽減することができる。また、高所得者の基準所得金額を引き下げることや、比較的所得が高い人が多い市町村では、所得区分の段階を増やして、高所得者の負担能力をよりきめ細かく保険料額に反映することができる。

介護保険特別会計

参照
- 介護保険法　第三条
- 施行令　第一条
- 施行規則　第一条
- 介護保険特別会計の款項目節区分について

特別会計とは、一般会計とは別に、目的が決まった資金の収支を独立して管理するための会計のことである。単一の会計としてまとめてしまうと事業の状況や運営実績等が見えにくくなる場合に設けられる。特定の歳入と特定の歳出を一般会計と区別して経理することで、特定の事業や資金運用の状況を明確にするためのものである。

市町村は、介護保険に関する収入及び支出について、介護保険事業特別会計を設けなければならない。このほかにも、市町村には、国民健康保険特別会計や後期高齢者医療特別会計など、社会保障に関する特別会計が多く設けられている。

市町村のうち、保健福祉事業として指定居宅サービス等の事業や介護保険施設の運営を行う市町村は、介護保険特別会計の中に介護サービス事業勘定を設け、各種保険給付等に関する歳入・歳出を管理する保険事業勘定と区分しなければならない。

保険事業勘定における歳入は、保険料、分担金及び負担金、使用料及び手数料、国庫支出金、都道府県支出金、支払基金交付金、相互財政安定化事業交付金、財産収入、寄附金、繰入金、繰越金、市町村債並びに諸収入とされる。

また、保険事業勘定における歳出は、総務費、保険給付費、財政安定化基金拠出金、相互財政安定化事業負担金、地域支援事業費、保健福祉事業費、基金積立金、公債費、予備費及び諸支出金その他の諸費とされる。

他方、介護サービス事業勘定における歳入は、サービス収入、分担金及び負担金、使用料及び手数料、国庫支出金、都道府県支出金、財産収入、寄附金、繰入金、繰越金、市町村債並びに諸収入とされる。

また、介護サービス事業勘定における歳出は、総務費、事業費、施設整備費、基金積立金、公債費、予備費及び諸支出金その他の諸費とされる。

公費負担

参照
・介護保険法　第一二一条～第一二四条

介護給付・予防給付に必要な費用は、その五〇％を第一号被保険者及び第二号被保険者が納付する保険料により、残りの五〇％を公費により、それぞれ賄っている。

保険料負担分の内訳は、第一号被保険者分が二三％、第二号被保険者分が二七％となっている。これは、それぞれの被保険者の人数によって按分したものである。

公費負担分の内訳は、居宅給付費と施設等給付費のそれぞれについて別々に決められている。居宅給付費については、国が二五％、都道府県が一二・五％、市町村の一般会計負担分が一二・五％となっている。一方、施設等給付費については国が二〇％、都道府県が一七・五％、市町村の一般会計負担分が一二・五％となっている。

国の負担分は、全市町村に同率で交付される定率分と、被保険者の所得水準等によって率が変動する調整交付金分から構成される。定率分は、介護・予防給付の費用の額のうち居宅介護サービス費等の支給限度基準額の上乗せ分、市町村特別給付・地域支援事業・保健福祉事業の分の費用を除いた標準給付額に対し、居宅給付費については二〇％、施設等給付費については一五％を負担する。調整交付金分は、基本的に全体で標準給付費額の五％を交付する。

地域支援事業については、介護予防・日常生活支援総合事業に要する費用の額に対しては、居宅給付費の場合と同様に国が二五％、都道府県が一二・五％、市町村の一般会計負担分が一二・五％、保険料が五〇％を負担している。

包括的支援事業等のその他の地域支援事業については、第二号被保険者は保険料を負担せず、その分は公費があてられる。すなわち、第一号被保険者の負担分を除いた部分を国、都道府県、市町村で二：一：一の割合で負担している。

このほか、国は、各市町村が行う自立支援・重度化防止の取組及び都道府県が行う市町村に対する取組の支援に対し、保険者機能強化推進交付金・介護保険保険者努力支援交付金を予算の範囲内において、交付している。

『介護給付及び予防給付並びに介護予防・日常生活支援総合事業に要する費用』
の負担割合（利用者負担（利用料）を除いたもの）

介護給付及び予防給付に要する費用
（居宅介護に係るもの）

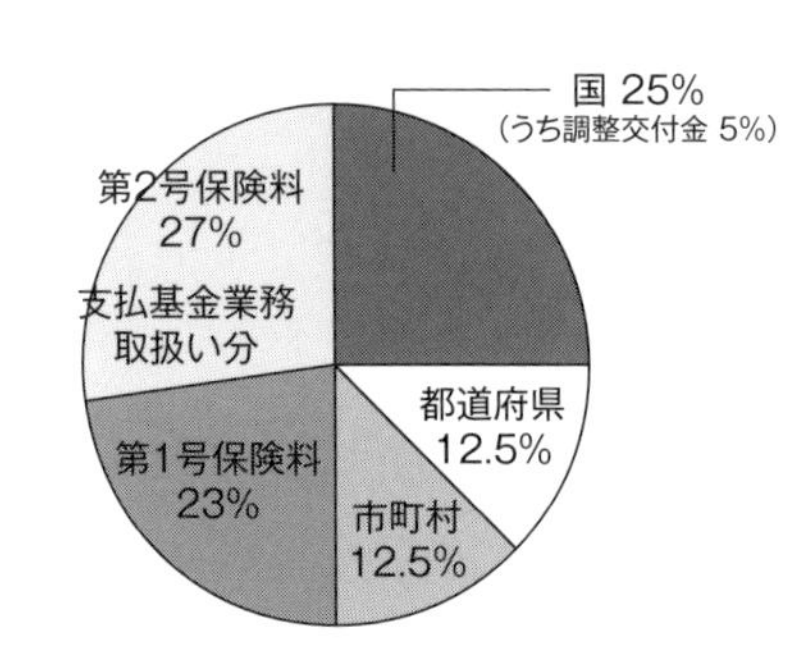

介護給付及び予防給付に要する費用
（施設介護に係るもの）

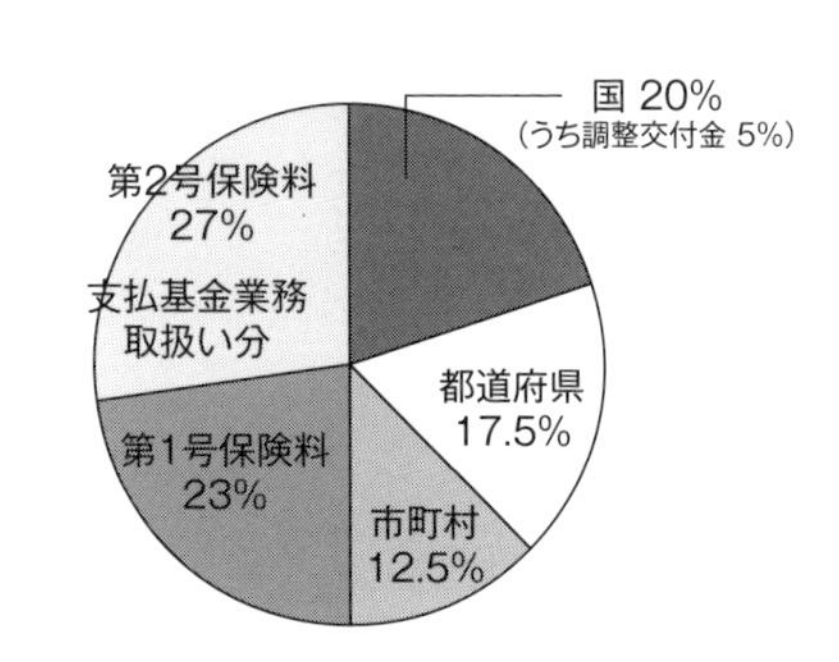

介護予防・日常生活支援総合事業に要する費用

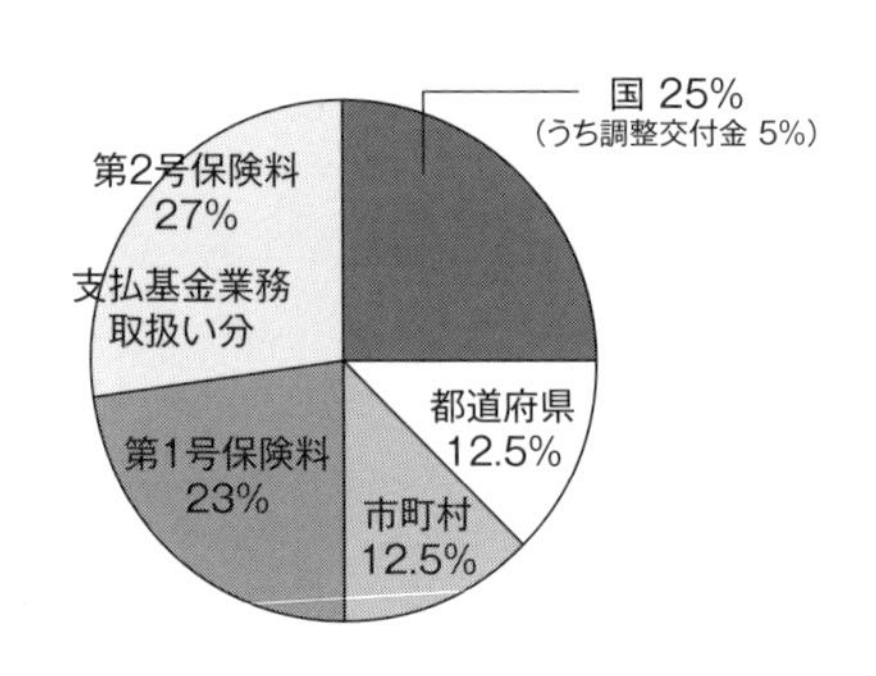

普通調整交付金

参照
・介護保険法　第一二二条
・算定政令　第一条の二
・調交省令

調整交付金は、普通調整交付金と特別調整交付金から構成され、その総額は各市町村の介護給付及び予防給付に要する費用の額の総額の五％に相当する額とされる。

このうち普通調整交付金は、各市町村の被保険者の年齢構成や所得水準に起因する保険料額の格差を調整するため、第一号被保険者の年齢階級別の分布状況、第一号被保険者の所得の分布状況等を考慮して交付するものとされている。普通調整交付金の基本的な考え方は、各市町村の責めによらない要因による保険料格差を是正するため、第一号被保険者の年齢構成と所得水準が同じであれば、保険料額も同じになるように調整するというものである。

普通調整交付金の額は次の式により算定される。

調整基準標準給付費額
×普通調整交付金交付割合
×調整率
＝普通調整交付金の額

調整基準標準給付費額は、前年度一〇月から当該年度九月まで（現物給付は前年度九月から当該年度八月まで）の介護給付・予防給付に要した費用の額である。この中には、居宅介護サービス費等の支給限度基準額の上乗せ分、市町村特別給付・地域支援事業・保健福祉事業の分の費用は含まれない。

普通調整交付金交付割合は、第一号被保険者に占める七五歳以上の後期高齢者の割合（後期高齢者加入割合）や第一号被保険者の所得段階別の分布状況が、全国平均と乖離している度合に基づいて算定される。その割合は、五％を基準として、後期高齢者の加入割合が全国平均より高くなるほど、また、所得水準が全国平均より低くなるほど、五％より高くなり、逆の場合は低くなる。なお、平成三〇年度より、新たに八五歳以上の高齢者の加入割合も考慮することとなり、年齢階層は六五歳以上、七五歳以上、八五歳以上の三区分となった。

調整率は、特別調整交付金も含めた調整交付金の総額を、介護給付及び予防給付に要する費用の額の総額の五％に相当する額に一致させるために乗じる率である。

なお、特別調整交付金の総額は、調整交付金の総額から普通調整交付金の総額を控除した額とされ、特別調整交付金として交付すべき額の合計額が、その額に満たないときは、普通調整交付金として交付するものとされている。

特別調整交付金

> **参照**
> ・介護保険法　第一二二条
> ・算定政令　第一条の二
> ・調交省令

調整交付金は、普通調整交付金と特別調整交付金からなり、その総額は各市町村の介護給付及び予防給付に要する費用の額の総額の五％に相当する額とされる。

このうち特別調整交付金は、災害その他特別の事情がある市町村に対して交付するものである。

特別調整交付金の総額は、調整交付金の総額から各市町村に対して普通調整交付金として交付すべき額の合計額を控除して得た額とされる。

特別調整交付金の額は、①災害等により保険料の減免を行った場合と、②利用者負担の減免を行った場合のそれぞれについて定められている。

その額の算出については、およそ次の通りである。

① 保険料の減免分

保険料の減免分については、前年度の一〇月一日から当該年度の九月三〇日までの間に災害等により減免の措置をとった保険料の額が、前年度の保険料賦課総額の二分の一と当該年度の保険料賦課総額の二分の一の合算額の三％を上回る場合、特別調整交付金の額は、当該保険料の減免額の八〇％以内の額とされる。

② 利用者負担の減免分

利用者負担の減免分については、前年度の一〇月一日から当該年度の九月三〇日までの間に、災害その他特別の事情により、特例で九割給付、八割給付、七割給付を超えて介護給付・予防給付を支給して、その支給により減免した利用者負担の額が、本来の利用者負担の額の三％を上回る場合、特別調整交付金の額は、減免した額のうち第一号被保険者分（後期高齢者加入割合・所得段階別被保険者数を補正後）の八〇％以内の額とされる。

また、これらの他に、介護保険の財政又は介護保険事業の安定的な運営に影響を与える場合その他のやむを得ない特別の事情がある場合にも特別調整交付金が支給される。この支給分については、毎年度「介護保険の調整交付金等の交付額の算定に関する省令第七条第三号の規定に基づく特別調整交付金（介護保険の財政又は介護保険事業の安定的な運営に影響を与える場合その他のやむを得ない特別の事情がある場合）の交付基準（厚生労働省老健局長通知）」が示されている。

介護給付費交付金

参照
- 介護保険法　第一二五条
  　　　　　　第一五九条
  　　　　　　第一六〇条
- 算定政令　第四条、第五条
- 算定省令　第一三条の二

四〇歳から六四歳までの第二号被保険者の保険料については、各医療保険者が医療保険料と一体的に徴収し、社会保険診療報酬支払基金に納付し、支払基金から各市町村に交付する仕組みとなっている。市町村の介護保険特別会計において負担する費用のうち、介護給付及び予防給付に要する費用の額に第二号被保険者負担率を乗じて得た額については、社会保険診療報酬支払基金が市町村に対して交付する介護給付費交付金をもってあてるとされる。

ここでいう介護給付及び予防給付に要する費用の額は、各市町村につき、当該年度における介護給付・予防給付に要した費用の額の合算額である。ただし、条例で定めるところにより、居宅介護サービス費等の支給限度基準額の上乗せをしている市町村は、当該措置が講ぜられないものとして算定した額とされる。

第二号被保険者負担率は、全市町村に係る被保険者見込数の総数に対する、全市町村に係る第二号被保険者見込数の総数の割合の二分の一を基準に、三年を一期とする介護保険事業計画の計画期間ごとに、介護保険の国庫負担金の算定等に関する政令第五条において定められる。令和六年度から令和八年度まで（第九期）においては、二七％とされる。

介護給付及び予防給付に要する費用の額に第二号被保険者負担率を乗じて得た額は、医療保険納付対象額といい、市町村は、支払基金に対し、各月ごとの医療保険納付対象額及びその内訳を翌々月の一五日までに、各年度の医療保険納付対象額及びその内訳を翌年度の六月末日までに通知しなければならないとされる。なお、この通知の事務は各都道府県の国民健康保険団体連合会に委託することができるとされる。

一方、支払基金は、医療保険者から徴収する介護給付費・地域支援事業支援納付金の一部を費用にあてて、市町村に対し介護給付費交付金を交付する介護保険関係業務を行う。支払基金では、毎年度当初、それぞれの市町村等からの交付申請に基づき介護給付費交付金の額を決定し、各市町村等へ通知する。そして、介護給付費交付金は各月に均等に分けて毎月二〇日に概算払いを行っている。

当該年度の介護給付費交付金の額は、翌年度に、各市町村の介護給付及び予防給付に要した費用に基づき確定し、精算を行っている。

地域支援事業支援交付金

参照
- 介護保険法　第一二六条
  　第一五九条
  　第一六〇条
- 算定政令　第五条、第五条の二
- 算定省令　第一三条の二

四〇歳から六四歳までの第二号被保険者の保険料については、各医療保険者が医療保険料と一体的に徴収し、社会保険診療報酬支払基金に納付し、支払基金から各市町村に交付する仕組みとなっている。市町村の介護保険特別会計において負担する費用のうち、介護予防・日常生活支援総合事業に要する費用の額に第二号被保険者負担率を乗じて得た額については、社会保険診療報酬支払基金が市町村に対して交付する地域支援事業支援交付金をもってあてるとされる。

第二号被保険者負担率は、全市町村に係る被保険者見込数の総数に対する、全市町村に係る第二号被保険者見込数の総数の割合の二分の一を基準に、三年を一期とする介護保険事業計画の計画期間ごとに、介護保険の国庫負担金の算定等に関する政令第五条において定められる。令和六年度から令和八年度まで（第九期）は、二七％とされる。

介護予防・日常生活支援総合事業に要する費用の額に第二号被保険者負担率を乗じて得た額は、介護予防・日常生活支援総合事業医療保険納付対象額といい、市町村は、支払基金に対し、各年度の介護予防・日常生活支援総合事業医療保険納付対象額並びにその内訳を翌年度の六月末日までに通知しなければならないとされる。なお、この通知の事務は各都道府県における国民健康保険団体連合会に委託することができるとされる。

一方、支払基金は、医療保険者から徴収する介護給付費・地域支援事業支援納付金の一部を費用にあてて、市町村に対し地域支援事業支援交付金を交付する介護保険関係業務を行う。

支払基金では、毎年度当初、それぞれの市町村等からの交付申請に基づき地域支援事業支援交付金の額を決定し、各市町村等へ通知する。そして、地域支援事業支援交付金は各月に均等に分けて、毎月二〇日に概算払いを行っている。

当該年度の地域支援事業支援交付金の額は、翌年度に、介護予防・日常生活支援総合事業に要した費用に基づき確定し、精算を行っている。

介護給付費・地域支援事業支援納付金

参照
・介護保険法　第一二五条
　　　　　　　第一二六条
　　　　　　　第一五〇条
　　　　　　　～第一六〇条

四〇歳から六四歳までの第二号被保険者の保険料については、各医療保険者が医療保険料と一体的に徴収し、社会保険診療報酬支払基金に納付し、支払基金から各市町村に交付する仕組みとなっている。社会保険診療報酬支払基金は、市町村に対し介護給付費交付金を交付すること、地域支援事業支援交付金を交付すること等の介護保険関係業務に要する費用にあてるため、年度ごとに、医療保険者から介護給付費・地域支援事業支援納付金を徴収することとされる。また、医療保険者は、この納付金の納付にあてるため保険料、掛金、国民健康保険税を徴収し、納付金を納付する義務を負う。なお、国民健康保険については、市町村が保険料を徴収し、支払基金への納付は都道府県が行う。

各医療保険者の介護給付費・地域支援事業支援納付金の額は、当該年度の概算納付金の額に、前々年度の概算納付金と確定納付金との差額と調整金額を控除又は加算して精算した金額とされる。

この納付金の額は、被用者保険等の保険者とそれ以外の医療保険者とで、算定方法が異なる。まずは、当該年度の全医療保険者の負担額である全市町村の介護給付費交付金分と地域支援事業支援交付金分の医療保険納付対象額の総額（見込み）を、全被用者保険等保険者とそれ以外の全医療保険者とで、それぞれの第二号被保険者の総数（見込み）の割合で按分する。

按分した額のうち被用者保険等保険者の負担分については、その額を、全被用者保険等保険者の第二号被保険者標準報酬総額（見込み）について各保険者が占める割合で按分した額が、各医療保険者の概算納付額となる（総報酬割）。その際、第二号被保険者標準報酬総額は医療保険の種類により賞与・期末手当等を考慮に入れた補正を行う。

被用者保険等保険者以外の医療保険者の負担分については、ここに加入する全ての第二号被保険者数（見込み）のうち、各医療保険者が占める割合で按分した額が各医療保険者の概算納付額となる（加入者割）。

確定納付金の額は、当該年度には確定している前々年度における金額・人数をもとに同様の算定を行う。

調整金額は、前々年度における全医療保険者に係る概算納付金と確定納付金の過不足額につき生ずる利子その他の事情を勘案して、医療保険者ごとに算定される額とされる。

支払基金は、各年度につき、各医療保険者が納付すべき納付金の額を決定し、当該各医療保険者に対し、納付すべき納付金の額、納付の方法及び納付すべき期限等の必要な事項を通知しなければならないとされる。

財政安定化基金

参照
・介護保険法　第一四七条
・算定政令　　第四条
　　　　　　第六条～第一二条

財政安定化基金は、想定を超える保険料の収納不足や給付費増により、介護保険特別会計に赤字が出ることが見込まれる市町村に資金の交付・貸付を行うため、国、都道府県、市町村が原資の三分の一ずつを負担して、各都道府県に設置している基金である。

財政安定化基金による交付事業は、計画期間中に、実績ベースの保険料収納率が想定を下回ることで保険料収納不足が見込まれ、かつ、計画期間中に収入が費用（支出）を下回り、財政不足が見込まれる市町村に対して、計画期間の最終年度である三年度目に行われる。

交付額は、保険料収納不足の見込額の二分の一であり、この額が財政不足の見込額を上回る場合は財政不足の見込額の二分の一とされる。

貸付事業は、計画期間の一年度目と二年度目は、単年度で財政不足が見込まれる市町村に対して、最終年度は、計画期間中に財政不足が見込まれる市町村に対して行われる。

貸付額は、一年度目と二年度目は、単年度の財政不足の見込額に一割を上乗せした額が限度とされる。最終年度は、計画期間における財政不足の見込額から一年度目、二年度目の借入金と最終年度の交付金の額を控除して得た額に一割を上乗せした額が限度とされる。

なお、三年度目の交付額と貸付額の算定にあたっては、実績ベースの保険料収納率に下限が設定されており、これを下回る場合は、下限を基に算定される。

貸付金の据置期間は計画期間の最終年度の末日まで、償還期限は次の計画期間の最終年度の末日とされ、償還期限までは無利子とされる。

都道府県は、財政安定化基金にあてるため、市町村から財政安定化基金拠出金を徴収するものとされ、市町村はこれを納付する義務を負う。

各市町村についての拠出金の額は、計画期間における都道府県内の標準給付費等の見込額の総額に、国が定める財政安定化基金拠出率を標準として都道府県が条例で定める率を乗じて得た額で算定される。財政安定化基金拠出率は、三年を一期とする計画期間ごとに定められ、令和六年度から八年度まで（第九期）においては一〇万分の三二である。

滞納処分

参照
・介護保険法　第一四四条
・地方自治法　第二三一条の三

保険料その他介護保険法の規定による徴収金の納入の督促を受け、督促状の指定期限までに納入しない者に対しては、市町村は地方税法の規定による滞納処分を執行することができる。

滞納処分は、保険者自らがその公権力をもって滞納者の財産を差し押さえ、これを公売処分に付してその売却代金をもって滞納保険料などに充てるものである。

差押えは、督促状に指定された期限までに完納されないときに執行されるが、滞納者が破産宣告を受けたときなど、地方税法の規定による繰上げ徴収が行われる場合には納期限の前においても差押えをすることができる。差押えにあたっては、滞納額を著しく超過する差押えや、滞納処分費に不足するような無益な差押えを行ってはならないとされる。

差押えの効力は、原則として差押えた財産から生じた天然果実及び法定果実には及ばないものとされているが、債権差押え後の利息には、差押えの効力が及ぶものとされている。

滞納者の財産を差押えた場合には、差押えた財産が動産、有価証券、債権、電話加入権等である場合は、差押え調書謄本を滞納者に交付する。

動産及び有価証券の差押えは徴収職員が占有し、債権等については、差押え通知書を第三債務者等に送達したときにその効力を生ずる。

不動産等については、差押書が滞納者に送達されたときにその効力を生ずる。不動産等を差押えたときは、差押えの登記を関係機関に嘱託する。

差押えは、滞納者の生活に欠くことのできない衣服、家具、農業に必要な器具、種子、実印、仏像、位牌などについては執行することができない。

第9章　その他

社会保険診療報酬支払基金

参照

・介護保険法　第一一八条の一〇
　　　　　　　第一二五条
　　　　　　　第一二六条
　　　　　　　第一五〇条
　　　　　　　第九章　等
・社会保険診療報酬支払基金法

社会保険診療報酬支払基金は、健康保険制度における診療報酬の「審査」及び「支払い」について、保険者等の委託を受けて実施する審査支払の専門機関である。介護保険制度においては、介護保険法に規定される介護保険関係業務を行っている。

支払基金の目的は、保険者が行う療養の給付等の費用について、診療担当者に対し診療報酬の迅速適正な支払いを行い、併せて診療報酬請求書の審査を行うこととされる。また、委託により保険者の事務を行うこと、国民の保健医療の向上・福祉の増進に資する情報の収集、整理、分析、結果の活用の促進に関する事務を行うこととされる。

支払基金の介護保険関係業務は次の通りとされる。

① 医療保険者から介護給付費・地域支援事業支援納付金を徴収すること。

② 市町村に対し介護給付費交付金を交付すること。

③ 市町村に対し地域支援事業支援交付金を交付すること。

④ ①から③に掲げる業務に附帯する業務を行うこと。

介護保険においては、四〇歳から六四歳までの第二号被保険者の保険料については、各医療保険者が医療保険料と一体的に徴収し、介護給付費・地域支援事業支援納付金として支払基金に納付し、支払基金から介護給付費交付金及び地域支援事業支援交付金として、各市町村に交付される仕組みになっている。

支払基金は、介護保険関係業務に関し、当該業務の開始前に、業務方法書を作成し、厚生労働大臣の認可を受けなければならないとされ、変更するときも、同様とされる。

その他、厚生労働大臣が行う市町村介護保険事業計画の作成等のための介護保険等関連情報の調査、分析、結果の公表については、支払基金に委託することができるとされている。

国民健康保険団体連合会

参照
・国保法　第四五条第五項
　第八三条〜
　第八六条
　第一〇四条〜
　第一〇八条
・国保法施行令　第二六条
・国保法施行規則　第三三条〜
　第三六条

国民健康保険団体連合会（以下「連合会」）は、国保の保険者が共同して国保事業の円滑な推進に寄与するために国保法に基づき設立する公法人である。

法律上、設立にあたっての地域的な制限はないが、現在は各都道府県単位で設立されている。

都道府県を区域とする連合会は、その区域内の三分の二以上の国保保険者が加入したとき、当該区域内の全国保保険者は、全て当該連合会の会員とされる。国保保険者が共同してその目的を達成するために行うという趣旨にかなう限り、連合会は種々の事業を行うことができる。

現在、連合会が国保制度について行っている主要な事業は、診療報酬の審査支払、高額医療費共同事業、保険者事務処理に係る共同事業、特定健康診査・特定保健指導に関する事業、国保制度の広報宣伝、事務研究及び病院の経営などであるが、このうち、診療報酬の審査支払の事業は、原則として都道府県を区域とする連合会には、診療報酬審査委員会が置かれることとされているため、全連合会において行われ、連合会事業の代表的なものとなっている。また、診療報酬請求書情報等の分析等を通じた医療費適正化等は連合会の努力義務とされる。

介護保険制度については、介護給付費の審査支払、オンブズマン業務等を行っている。連合会の介護保険関連業務は、連合会が市町村から委託を受けて行う居宅介護サービス費や施設サービス費、介護予防・サービス費等、地域支援事業のうち第一号事業支給費、介護予防・日常生活支援総合事業費の実施に必要な費用の支払決定に係る審査及び支払いのほか、指定居宅サービス等の質の向上に関する調査及び指定居宅サービス事業所等に対する必要な指導及び助言を行うこと等が定められている。

連合会の設立にあたっては、都道府県知事の認可を必要とし、また規約の変更、予算などについても都道府県知事の強い監督の下に置かれている。

連合会の議決機関としては、総会が置かれ、執行機関としては、理事五人以上が置かれ、また、連合会の業務の執行及び財産の状況を監査するものとして監事二人以上が置かれる。

令和元年度現在、連合会の数は四七であり、連合会の職員数は、総数で五、一〇九人、うち審査支払担当者数は二、四三一人となっている。

介護給付費等審査委員会

参照
・介護保険法　第十一章
・施行規則　第八章

介護給付費等審査委員会（以下「審査委員会」）は、市町村からの委託により、介護給付費の審査支払等の介護保険事業関係業務を行う国民健康保険団体連合会において、介護給付費請求書等の審査を行うため、同連合会に置かれる組織であり、国民健康保険における診療報酬審査委員会と同様の役割を担うものである。

審査委員会は、①介護給付等の対象となるサービスの担当者又は介護予防・日常生活支援総合事業の担当者を代表する委員、②市町村を代表する委員、③公益を代表する委員で組織される。それぞれの人数は同数とされ、規約で定められる。委員は連合会が委嘱し、①と②については、それぞれ関係団体の推薦によって行わなければならない。なお、委員の任期は二年とされる。

会長は、公益を代表する委員のうちから委員によって選挙で決められる。会長は、会務を総理し、審査委員会を代表し、また、審査委員会を招集する。

審査委員会は毎月一回開催される。審査委員会では、連合会から請求内容を点検済の電子情報、光ディスク等を用いた記録事項、給付費請求書等の記載事項を整理した資料の提出を受け、審査を行う。委員会は、委員の定数の半数以上の出席がなければ審査を行うことができず、審査は出席委員の過半数で決し、可否同数のときは会長の決するところによる。審査委員会の審査が終わった請求は、審査決定に基づいて、電子情報、記録事項、記載事項が訂正される。連合会においては、これを基に請求事業者別の支払算定額を算出する。

また、審査委員会は、部会を設けることができ、医師をもってあてる介護医療部会、それ以外の審査部会などが組織されている。部会の審査は、これをもって審査委員会の審査とすることができる。

審査委員会は、請求書の審査上、必要があるときは、都道府県知事又は市町村長の承認を得て、介護給付等の対象となるサービスの担当者又は介護予防・日常生活支援総合事業の担当者に対して、出頭もしくは説明を求めることができるとされる。

審査請求

参照
・介護保険法　第十二章

保険給付に関する処分、被保険者証の交付の請求に関する処分、要介護認定・要支援認定に関する処分、保険料その他の徴収金に関する処分に不服がある者は、その処分が妥当かどうか、各都道府県に置かれる介護保険審査会に審査請求することができる。

審査請求は、処分をした市町村をその区域に含む都道府県の介護保険審査会に対してしなければならないとされる。都道府県は、あらかじめ審査請求の受付窓口を定めておき、市町村は、不服申し立ての教示を行うときは、介護保険審査会の住所、連絡先等を示すなど適切に行うこととされる。また、市町村を経由して審査請求がなされた場合は、市町村は、審査請求書に記載すべき事項に不足や誤りがないかなど形式的な審査を行った上で、介護保険審査会に送付する。

なお、審査請求は、時効の完成猶予及び更新に関しては、裁判上の請求とみなされ、原則として、処分があったことを知った日の翌日から起算して三月以内に、文書又は口頭でしなければならない。

介護保険審査会において、審査請求の事件は、審査会の委員で構成される合議体で取り扱う。合議体の定数は、要介護認定・要支援認定に関する処分に対する審査請求の場合は都道府県の条例で定める数とされ、それ以外の審査請求の場合は九人とされる。

審査請求を受けた介護保険審査会は、処分庁に対して、弁明書の提出を求めることができ、審査請求人は弁明書に対する反論書を提出することができる。さらに必要な場合は、再弁明書・再反論書の提出を求めることができる。審査請求人と保険者との間に事実関係の認識が著しく異なっている場合等、特に必要と認められる場合には、審査請求人や関係人に対して出頭を求めて意見を述べさせることが必要とされる。医師等に診断等の調査をさせることもできる。審査請求人の申立てがあったときは、口頭意見陳述の機会を与えなければならない。

要介護認定・要支援認定に係る審査においては、専門調査員を置く審査会では、合議体での審査に先立って事前に調査を行い、その結果を合議体に報告させることができる。

介護保険審査会は、審理を行った上で採決を行う。認容の採決は、審査請求に理由があるときであり、原処分は取り消される。要介護認定・要支援認定に係る処分の審査請求の場合、認定のやり直しが行われる。原処分が妥当なものとされる採決のうち、棄却は審査請求に理由がないときであり、却下は審査請求が法定の期間経過後になされたものであるときや、その他不適法なものであるときに下される。

介護保険審査会

参照
・介護保険法　第一八四条〜第一九〇条

介護保険審査会（以下「審査会」）は、保険者の行った保険給付等に関する処分に対する不服中立の審理・採決を行う第三者機関として、各都道府県に設置されており、保険給付、被保険者証の交付請求、要介護・要支援認定、保険料等の徴収金に関する処分に不服がある者は、審査会に審査請求をすることができるとされる。

審査会は、都道府県知事が任命する非常勤の委員によって組織される。委員は、被保険者を代表する委員、市町村を代表する委員、公益を代表する委員から構成される。その定数は、被保険者・市町村を代表する委員は三人とされ、公益を代表する委員は三人以上の政令で定める基準に従い条例で定める員数とされる。審査請求の事件は、委員から構成される合議体で取り扱うこととなっており、公益を代表する委員の定数については、要介護・要支援認定に係る審査請求の事件の件数等を勘案して、各都道府県が必要と認める数の合議体を設置することができる数としている。委員の任期は三年であり、会長は公益を代表する委員のうちから委員が選挙する。

合議体は、要介護・要支援認定に関する処分に対する審査請求の事件を取り扱う場合は、公益を代表する委員のうちから、審査会が指名する者をもって構成する。その定数は、都道府県の条例で定める数とされる。それ以外の事件を取り扱う場合は、被保険者・市町村を代表する委員三人ずつと、会長を含めた公益を代表する委員三人の計九人で構成する。

また、審査会には、要介護・要支援認定に関する処分に対する審査請求の事件に関し、専門の事項を調査させるため非常勤の専門調査員を置くことができるとされる。調査員は要介護者等の保健・医療・福祉に関する学識経験者から都道府県知事が任命する。

合議体による会議は、要介護・要支援認定に関する処分に対する審査請求の事件を取り扱う場合は、合議体の全委員の出席がなければ、開くことはできず、議決もできない。それ以外の事件を取り扱う場合は、各代表委員一人以上を含む過半数の委員の出席を要する。議事は、要介護・要支援認定に係る事件の場合は、合議体を構成する委員の、それ以外の場合は、出席した委員の過半数をもって決し、後者の場合、可否同数のときは、会長の決するところによるとされる。

時効

参照
・介護保険法　第一八三条
　第二〇〇条

時効とは、一般に、一定の事実状態が永続した場合に、この永続した事実状態を前提として新たな法律関係が築かれるため、永続した事実関係をそのまま尊重し法律上保護することによって、法律関係の安定を図ることを趣旨とするものである。

時効には、一定期間一定の意思で事実上ある権利を行使することによって権利の取得という効果を附与する「取得時効」と、一定の期間権利を行使しないことによって権利の消滅という効果を附与する「消滅時効」の二つがあるが、介護保険法の定める時効は消滅時効だけである。

時効は、一定の事実状態の継続を要件とするものであるから、時効の基礎となる事実状態と相いれない事実が生じたときは時効が更新され、これまで進行してきた時効期間はまったく効力を失う（時効の更新）。時効の更新の事由は法定されているが、その事由が終了したのち、先の事実状態がなお継続する場合には、時効は再び進行する。しかし、この場合は新たな時効として期間も新しく計算することになる。

ところで、介護保険法では次のようなものの時効期間を二年と定めている。

① 保険料、納付金、法の規定による徴収金
② 過納又は誤納となった①の徴収金の返還を受ける権利
③ 保険給付を受ける権利

その他の債権の時効期間は、民法、地方自治法又は地方税法の規定が適用されることになる。

また、時効については民法第一編総則第七章に詳細な規定が置かれており、公法上の法律関係についても、時効の一般的基礎的事項に関しては、個々の法律に特別の規定がある場合や性質上適用すべきでないものを除き、民法の規定が準用されると解されている。

国民健康保険中央会

国民健康保険中央会（国保中央会）は国民健康保険事業の普及、健全な運営及び発展を図り、もって社会保障及び国民健康保険の向上に寄与することを目的として、昭和三四年一月一日に認可された社団法人で、全国四七都道府県に設立されている公法人、国民健康保険団体連合会（国保連合会）を会員として構成されている。

なお、平成二〇年に施行された「公益社団法人及び公益財団法人の認定等に関する法律」に基づく公益認定を受け、平成二四年四月から公益社団法人となっている。

国保中央会は、議決機関である総会と、執行機関である理事会を有し、総会は各国保連合会の代表によって、また理事会は国保連合会の代表者（市町村長等）または学識経験者の中から総会で選任された理事によって構成される。事務局組織は、事務局長、審議役及び総務部、企画部、医療保険部、保健福祉部、広報部、審査部、情報システム部の七部で組織されている。

国保中央会は国保連合会が行う国民健康保険制度における診療報酬の審査支払業務のシステム構築等を通じて国保連合会の業務効率化、コスト削減を図っている。

また、超高齢化が進む中で役割が大きくなっている保健事業においては、特定健康診査等で国保連合会が健診機関への支払業務を行うシステムを構築したり、国保連合会と共に医療・介護・特定健診の情報を結び付けた国保データベース（ＫＤＢ）システムを構築したりするなどの役割を担っている。

平成三〇年度の国保の大改革においては国保連合会とともに、システム構築や関係団体との調整等の役割において制度改正への貢献が大きかった。

また、現在では国民健康保険制度のみならず後期高齢者医療、介護保険制度、障害者総合支援制度に基づく明細書の審査・支払業務等も担っている。

介護保険制度において、具体的には、介護保険審査支払等システムの開発・維持管理、介護給付適正化システムの開発・維持管理、介護給付費等の全国決済業務等を行っている。

国保中央会の実施する各種事業をまとめると次のようになる。

① 診療報酬等の審査支払の支援・調整、全国的なシステム開発、全国決済（国民健康保険、後期高齢者医療、介護保険、障害者総合支援給付、公費負担医療、出産育児一時金等）
② 高額レセプトの特別審査（国民健康保険、後期高齢者医療）
③ 保健事業に対する支援
④ 超高額医療費の再々保険事業
⑤ その他国保連合会への支援（研修、調査研究等）

国民健康保険制度

参照
国保法

国民健康保険制度（国保制度）は、相扶共済の精神にのっとり、市町村住民を対象として、病気、けが、出産及び死亡の場合に保険給付を行う社会保険制度である。

　国保制度は、昭和一三年の国保法の制定に始まるが、この法律は世界的な恐慌の影響を受けた農漁民の窮乏と、医療費負担が過重になっている状況を打開し、医療の普及、保健の向上、生活の安定に資するため、相扶共済の精神を受け入れやすい市町村などを単位として任意の自治的な国保組合を組織させ、地方の実情に応じた保険事業を運営させることとしたものであった。

　その後、昭和二〇年の終戦後の激しいインフレの中で、事業を休廃止する組合が続出し、制度の存続が危ぶまれるに至ったため昭和二三年に制度の根本的な改正が行われ、任意の国保組合から市町村公営の体制に切り換えられ、また国の財政援助を強化するなどの措置がとられた。

　昭和三二年度に至り、国民皆保険計画が策定され、健康保険を主軸とする被用者保険と、地域を単位とする国保の二本建てでこの計画が推進されることとなり、国保事業を市町村の義務的事業とするとともに国の責任を明確にし、療養給付費等に対する国庫負担制度の改善と調整交付金制度の創設、事業内容の統一等を内容とする新国保法が昭和三三年一二月に公布され、昭和三四年一月から施行された（国民皆保険は昭和三六年四月達成）。

　新法施行後も、療養給付費補助金の補助率引上げ、世帯主の七割給付実施、さらに四カ年計画による世帯員の七割給付実施（昭和四三年一月達成）、高額療養費支給制度の創設などの給付改善が行われた。近年は医療費の増嵩、高齢化の進展等に伴う財政基盤の弱体化による赤字体質の克服が課題となっており、保険基盤安定制度の創設（昭和六三年）、高医療費市町村の安定化事業の実施（昭和六三年）、国保財政安定化支援事業（平成四年）、七〇歳以上九割給付（一定以上所得者八割給付）の実施（平成一四年）、保険者支援制度の創設（平成一五年）、現役並み所得の高齢者の一部負担金の引き上げ（平成一八年）、保険財政共同安定化事業の実施（平成一八年）、後期高齢者医療制度施行、特定健康診査・特定保健指導施行（平成二〇年）、高額介護合算療養費制度創設（平成二〇年）等の措置が行われている。

　また、平成二七年に成立した持続可能な医療保険制度を構築するための国民健康保険法等の一部を改正する法律により、平成三〇年度から新たに都道府県が市町村とともに保険者となる等の人改革が行われた。

後期高齢者医療制度

参照
・高確法　第四章

七五歳以上の後期高齢者及び六五歳以上七四歳以下で一定の障害があったり寝たきりとなっている高齢者を対象とした医療保険制度で、平成二〇年四月に施行された。

制度の運営は、保険料徴収については市町村が行い、財政運営については都道府県単位で全市町村が加入する広域連合が行う。広域連合の財政リスクを軽減するため、国・都道府県は、共同して責任を果たすことが義務付けられている。具体的には、高額な医療費等に対する国・都道府県による財政支援、国・都道府県も拠出する基金による保険料未納等に対する貸付・交付の仕組みが設けられている。

なお、保険料の徴収については、年金からの特別徴収（天引き）が導入されている。

財源構成は、患者負担分を除き、公費（約五割）、現役世代からの支援（＝後期高齢者支援金、約四割）だけでなく、高齢者からも広く薄く保険料（一割）を徴収する。

ただし、低所得者の均等割を国保と同じ七、五、二割に軽減する措置、被用者保険の被扶養者であった者の保険料を制度加入時から二年間軽減する等の措置が設けられている。

また、平成二〇年からは予算による特例措置として低所得者・元被扶養者の更なる保険料軽減が実施された。

現役世代からの支援は、国保・被用者保険の加入者数に応じた支援とし、世代間の負担の公平を維持するため、人口構成に占める後期高齢者と現役世代の比率の変化に応じて、それぞれの負担割合を変える仕組みを導入している。これにより、高齢者の保険料による負担割合（一割）は高まり、現役世代の支援の割合は、約四割を上限として減っていく。

患者負担については、七五歳以上の後期高齢者は一割負担が原則であるが、一定以上の所得のある者は二割、現役並みの所得を有する者は三割負担となっている。

平成二五年に成立した持続可能な社会保障制度の確立を図るための改革の推進に関する法律においては、後期高齢者医療の保険料に係る低所得者の負担の軽減、後期高齢者支援金の額の全てを被用者保険等保険者の標準報酬総額に応じた負担とすることなどについて検討・必要な措置を講じるものとされ、平成二七年の国保法改正により、後期高齢者支援金の全面総報酬割の導入などが実施されている。

平成二〇年より実施された低所得者・元被扶養者の更なる保険料軽減の特例措置について、所得割は平成三〇年度、均等割は令和三年度、元被扶養者の均等割は令和元年度にそれぞれ本則とされ、軽減特例は廃止された。

全市町村が加入する広域連合

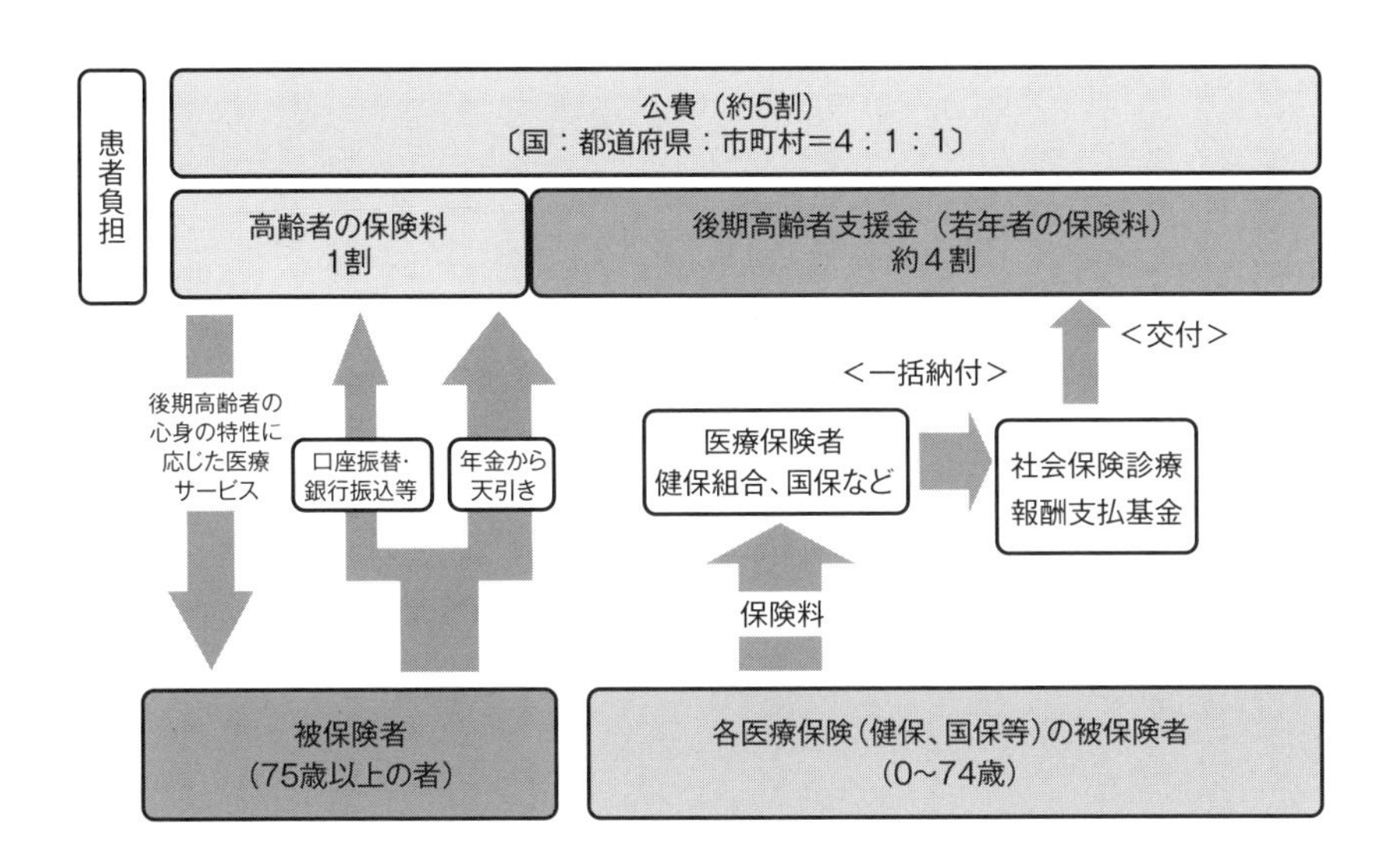

地域包括ケアシステム

参照
・介護保険法　第一一五条の四六
　　　　　　　第一一五条の四八
　　　　　　　第一一六条
　　　　　　　第一一七条
・地域における医療及び介護の総合的な確保の促進に関する法律

厚生労働省では、団塊の世代が七五歳以上となり国民の医療や介護の需要が更に増加すると見込まれる令和七年（二〇二五年）を目途に、重度な要介護状態となっても住み慣れた地域で自分らしい暮らしを人生の最期まで続けることができるよう、住まい・医療・介護・予防・生活支援が一体的に提供される地域包括ケアシステムの構築を推進している。この地域包括ケアシステムは、高齢者介護、障害福祉、児童福祉、生活困窮者支援などの制度・分野の枠や、「支える側」と「支えられる側」という従来の関係を超えて、人と人、人と社会がつながり、一人ひとりが生きがいや役割を持ち、助け合いながら暮らしていくことのできる包摂的な社会である「地域共生社会」の実現に向けた中核的な基盤となり得るものとされている。

市町村は、令和七年（二〇二五年）に向け、第六期以降の市町村介護保険事業計画を、「地域包括ケア計画」と位置付けて、地域の特性に応じた地域包括ケアシステムの構築に向けた取組を進めている。その中で、本計画の策定に資するため国が定める第九期の基本指針では、地域の実情に応じて地域包括ケアシステムの深化・推進や介護人材の確保、介護現場の生産性の向上を図るための具体的な施策や目標を、優先順位を検討したうえで、介護保険事業（支援）計画に定めることが重要となるという考え方を示している。

地域包括ケア実現に向けた中核的な機関として市町村が設置しているのが地域包括支援センターである。地域の高齢者の総合相談、権利擁護や地域の支援体制づくり、介護予防の必要な援助などを行い、高齢者の保健医療の向上及び福祉の増進を包括的に支援することを目的としている。

また、地域包括ケアシステム構築には、高齢者個人への支援の充実と、社会基盤の整備を同時に進めることが重要であり、これを実現していく手法として「地域ケア会議」が推進されている。

他にも、地域における医療・介護の関係機関が連携して、包括的かつ継続的な在宅医療・介護の提供を行うことが必要とされ、そのために関係機関が連携し、多職種協働により在宅医療・介護を一体的に提供できる体制を構築するための取組が推進されている。

なお、在宅生活を継続するための日常的な生活支援を必要とする者の増加も見込まれており、行政サービスのみならずＮＰＯ、ボランティア、民間企業等の多様な事業主体による重層的な支援体制の構築が求められている。同時に、高齢者の社会参加をより一層推進することを通じて、高齢者が社会的役割をもつことで、生きがいや介護予防にもつなげる役目が重要とされる。

地域包括ケアシステムの姿

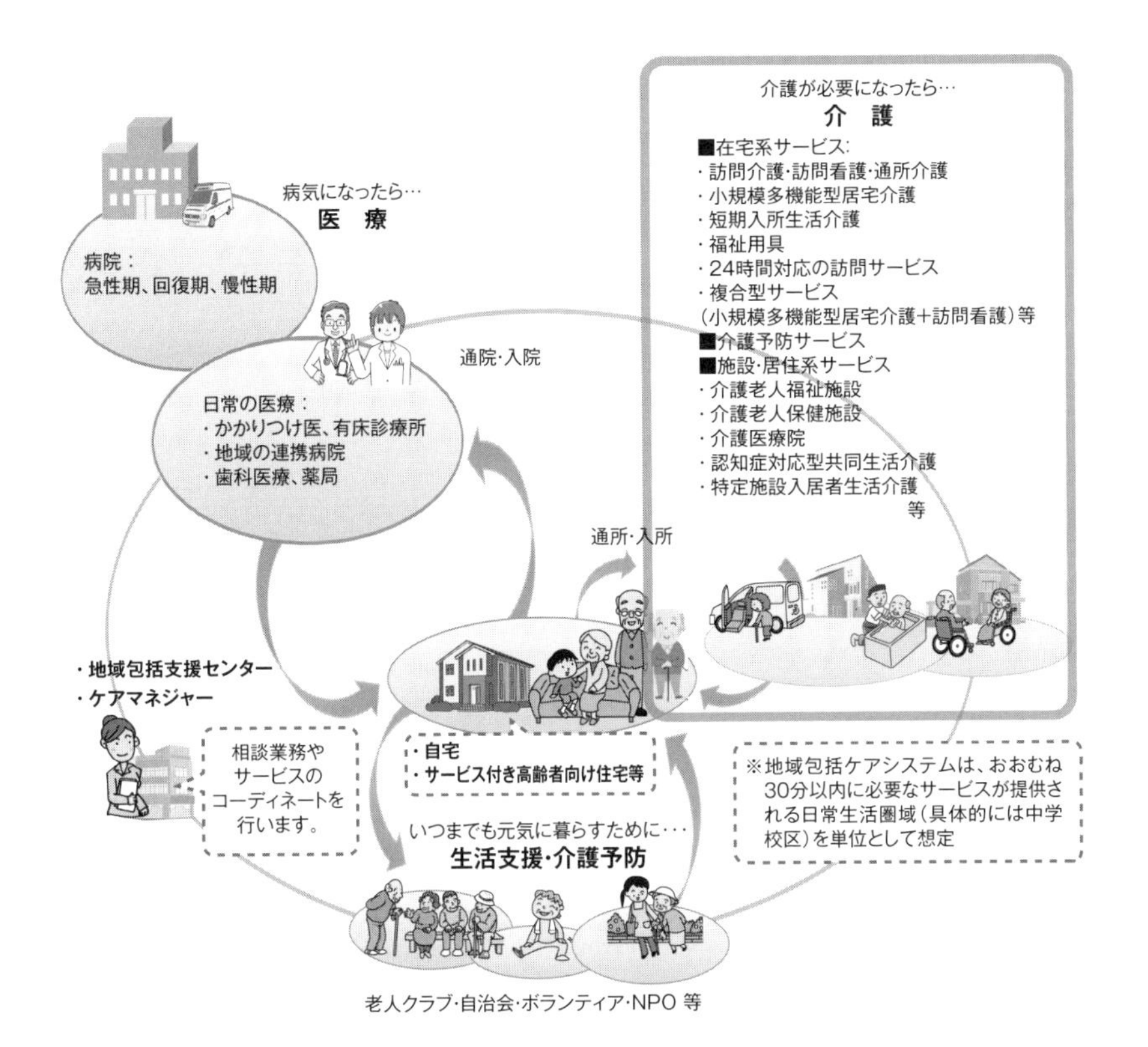

地域医療構想

参照
・医療法　第三〇条の四
　　　　　第三〇条の一三

地域医療構想は令和七年（二〇二五年）に向け、病床の機能分化・連携を進めるために、医療機能ごとに令和七年（二〇二五年）の医療需要と病床の必要量を推計し定める医療提供体制に関する構想のことである。平成二六年成立の「医療介護総合確保推進法」により医療法が改正され、平成二七年四月より都道府県が医療計画において策定するとされた。

令和七年（二〇二五年）とは、団塊の世代が七五歳になる年であり、医療・介護需要が大幅に増加することが見込まれる。一方で、人口の高齢化には大きな地域差があり、地域で求められる医療機能には差異がある。

そこで、必要な医療の機能に見合った資源の効果的かつ効率的な配置を促し、高度急性期から回復期、慢性期まで患者が状態に見合った病床で、状態にふさわしい医療サービスを受けられる体制を構築するため、地域医療構想が必要になるとされる。

地域医療構想の具体的な内容として、①令和七年（二〇二五年）の医療需要、②令和七年（二〇二五年）に目指すべき医療提供体制、③目指すべき医療提供体制を実現するための施策について定めることとされる。

「医療介護総合確保推進法」では、これに併せて「病床機能報告制度」を設けている。これは、医療機関が有する病床において担っている医療機能の現状と今後の方向性などを都道府県に報告する制度であり、平成二六年度から始まっている。都道府県では、この報告等や地域の医療需要の将来推計を活用して原則として二次医療圏単位の各医療機能の将来の必要量を含め、その地域にふさわしいバランスの取れた医療機能の分化と連携を適切に推進するための地域医療構想を策定するとされている。

地域医療構想の策定は、法律上は平成三〇年三月までであるが、平成二八年半ばごろまでの策定が望ましいとされていた。都道府県の地域医療構想策定に向けて、厚生労働省は推計方法を含むガイドラインを策定し、平成二七年三月に発出している。

地域共生社会

参照
・地域共生社会の実現のための社会福祉法等の一部を改正する法律

「地域共生社会」とは、地域住民や地域の多様な主体が、住民一人ひとりの暮らしと生きがい、地域をともに創っていく社会のことである。これらの人々が、制度・分野ごとの『縦割り』や「支え手」「受け手」という関係を超えて、『我が事』として参画し、人と人、人と資源が世代や分野を超えて『丸ごと』つながることで、こうした社会を目指す取組が推進されている。

わが国においては、高齢者、障害者、子どもなどの対象者ごとに、公的な支援制度が整備され、質・量ともに公的支援の充実が図られてきたところである。しかし、近年、同時に介護と育児（ダブルケア）に直面する世帯や、障害を持つ子と要介護の親の世帯など、個人や世帯単位で複数分野の課題を抱える世帯が増えてきており、対象者ごとに『縦割り』で整備された公的な支援制度の下で、対応が困難なケースが浮き彫りとなっていた。

また、日常の様々な場面における「つながり」の弱まりを背景に「社会的孤立」の問題をはじめ、制度が対象としないような身近な生活課題への支援の必要性の高まりといった課題や、軽度の認知症や精神障害が疑われ、様々な問題を抱えているが公的支援制度の受給要件を満たさない「制度の狭間」などの課題が表面化している。

さらに、急速な人口減少が進んでおり、地域によっては、利用者数が減少し、専門人材の確保が困難になることで、対象者ごとに公的支援の提供機関を安定的に運営することが難しくなってきている。

こうしたことを背景に、厚生労働省では『「地域共生社会」の実現に向けて（当面の改革工程）（平成二九年二月七日厚生労働省「我が事・丸ごと」地域共生社会実現本部決定）』をとりまとめ、「地域共生社会」の実現に向けた改革の骨格として①地域課題の解決力、②地域丸ごとのつながりの強化、③地域を基盤とする包括的支援の強化、④専門人材の機能強化・最大活用の四つの柱を掲げた。

平成二九年には、介護保険法、社会福祉法等が改正され、市町村による包括的支援体制の制度化、共生サービスの創設が実施され、平成三〇年には、介護・障害報酬改定にあたり、共生型サービスが評価され、生活困窮者自立支援制度が強化された。

令和二年六月には、地域共生社会の実現を図るため、地域生活課題の解決に資する支援を包括的に行う市町村の事業に対する交付金及び国等の補助特例の創設等の措置を講ずる「地域共生社会の実現のための社会福祉法等の一部を改正する法律」が公布され、順次施行されている。

地域福祉計画

参照
・介護保険法　第一一七条
　　　　　　　第一一八条
・社会福祉法　第一〇七条
　　　　　　　第一〇八条

地域福祉計画は、社会福祉法に基づき、市町村・都道府県が、地域生活課題を明らかにし、その解決のために必要となる施策の内容や量、体制等について、目標を設定し、計画的に整備していくために策定するものであり、市町村地域福祉計画及び都道府県地域福祉支援計画からなる。

市町村は、地域福祉の推進に関して、

① 地域における高齢者・障害者・児童の福祉等に関し、共通して取り組むべき事項
② 地域における福祉サービスの適切な利用の推進に関する事項
③ 地域における社会福祉を目的とする事業の健全な発達に関する事項
④ 地域福祉に関する活動への住民の参加の促進に関する事項
⑤ 包括的な支援体制の整備に係る事業に関する事項

を一体的に定める市町村地域福祉計画を策定するよう努めるものとされる。

また、都道府県は、市町村地域福祉計画の達成に資するために、各市町村を通ずる広域的な見地から、市町村の地域福祉の支援に関して、

① 地域における高齢者の福祉、障害者の福祉、児童の福祉その他の福祉に関し、共通して取り組むべき事項
② 市町村の地域福祉の推進を支援するための基本的方針に関する事項
③ 社会福祉を目的とする事業に従事する者の確保又は資質の向上に関する事項
④ 福祉サービスの適切な利用の推進及び社会福祉を目的とする事業の健全な発達のための基盤整備に関する事項
⑤ 包括的な支援体制の整備に係る事業の実施の支援に関する事項

を一体的に定める都道府県地域福祉支援計画を策定するよう努めるものとされる。

策定にあたって、地域生活課題を明らかにする際には地域福祉推進の主体である地域住民等の参加を得るものとされ、また、庁内関係部局、多様な関係機関や専門職も含めて協議の上、策定するものとされる。

また、介護保険制度においては、市町村が介護保険法に基づいて策定する市町村介護保険事業計画は、市町村地域福祉計画と調和が保たれたものでなければならないとされる。同様に、都道府県が同法に基づいて策定する都道府県介護保険事業支援計画は、都道府県地域福祉支援計画と調和が保たれたものでなければならないとされる。

認知症施策推進大綱

参照
・認知症施策推進大綱

認知症の人ができる限り地域の良い環境で自分らしく暮らし続けることができる社会の実現を目指す上で実施していく施策の基本となるもの。

平成三〇年一二月、内閣官房長官を議長とする「認知症施策推進関係閣僚会議」が設置され、有識者からの意見聴取や認知症の人や家族をはじめとした様々な関係者からの意見聴取、本会議の幹事会における計四回の議論などを経て、令和元年六月一八日に取りまとめられた。

認知症は誰もがなり得るものであり、家族や身近な人が認知症になることなどを含め、多くの人にとって身近なものとなっている。こうした中、認知症の人を単に支えられる側と考えるのではなく、認知症の人が認知症とともにより良く生きていくことができるよう、認知症の人の意思が尊重され、できる限り住み慣れた地域の良い環境で自分らしく暮らし続けることができる社会を実現すべく、平成二七年一月に策定された「認知症施策推進総合戦略～認知症高齢者等にやさしい地域づくりに向けて～」（新オレンジプラン）の下で取組が進められてきた中での策定となった。

本大綱は、認知症の発症を遅らせ、認知症になっても希望を持って日常生活を過ごせる社会を目指し、認知症の人や家族の視点を重視しながら、「共生」と「予防」を車の両輪として施策を推進していくとしている。

ここでいう「共生」とは、認知症の人が、尊厳と希望を持って認知症とともに生きる、また、認知症があってもなくても同じ社会でともに生きる、という意味とされる。また「予防」とは、「認知症にならない」という意味ではなく、「認知症になるのを遅らせる」、「認知症になっても進行を緩やかにする」という意味とされる。

こうした基本的な考え方の下、

① 普及啓発・本人発信支援
② 予防
③ 医療・ケア・介護サービス・介護者への支援
④ 認知症バリアフリーの推進・若年性認知症の人への支援・社会参加支援
⑤ 研究開発・産業促進・国際展開

の五つの柱に沿って施策を推進するとしている。

その際、これらの施策は全て認知症の人の視点に立って、認知症の人やその家族の意見を踏まえて推進することを基本とするとしている。

対象期間は、団塊の世代が七五歳以上となる令和七年（二〇二五年）までである。

策定三年後の中間年にあたる令和四年には施策の進捗が確認され、二十五の評価項目で評価S＝「令和七年（二〇二五年）までの目標を既に達成（目標値に対する達成度合いが一〇〇％）」との結果が出ている。

社会福祉法

参照
・社会福祉法
・介護保険法　第一一七条
　　　　　　　第一一八条

社会福祉法は、社会福祉を目的とするすべての事業の共通的基本事項等を定める法律であり、現在のわが国の社会福祉の法体系の中心にあるものである。

今日に至る社会福祉制度は、戦後の混乱期に貧困者や戦災孤児などの生活困窮者を対象としてつくられたものであり、かつては昭和二六年に成立した社会福祉事業法及び社会福祉六法を中心に、「措置」という枠組みの中で行政主導で行われるものであった。

しかし、社会福祉サービスを国民の誰もが利用する時代となり、誰もが自立した生活を目指すことができる、新しい制度が求められるようになった。その中で、社会福祉の基礎基盤を支えてきた社会福祉事業法が見直され、平成一二年、国会において社会福祉の増進のための社会福祉事業法等の一部を改正する等の法律が可決・成立した。これにより、社会福祉事業法が改正されて社会福祉法となり、戦後から続く社会福祉行政の構造が大きく変わることとなった。

社会福祉法は、第一条において、その目的を「社会福祉を目的とする事業の全分野における共通的基本事項を定め、社会福祉を目的とする他の法律と相まって、福祉サービスの利用者の利益の保護及び地域における社会福祉（地域福祉）の推進を図るとともに、社会福祉事業の公明かつ適正な実施の確保及び社会福祉を目的とする事業の健全な発達を図り、もって社会福祉の増進に資すること」としている。

現在、わが国の社会福祉の法体系は、社会福祉法を中心に、対象者や問題別に定められた具体的なサービス供給を規定する法律から成り立っている。つまり、社会福祉法が、基本法として社会福祉事業の目的や社会福祉事業の種類などを規定しているのに対して、社会福祉六法といわれる生活保護法、児童福祉法、身体障害者福祉法、知的障害者福祉法、老人福祉法、母子及び父子並びに寡婦福祉法は、基本的に、それぞれの分野ごとに対象者や問題への対応を定めた法律となっている。

そして、六法の一つである老人福祉法を中心とする高齢者福祉の法体系の中に介護保険法があり、同法に基づいて市町村が策定する市町村介護保険事業計画は、社会福祉法の規定する市町村地域福祉計画と、都道府県が策定する都道府県介護保険事業支援計画は、社会福祉法の規定する都道府県地域福祉支援計画と、それぞれ調和を保つことが求められている。

老人福祉法

参照
・老人福祉法
・介護保険法　第一一七条
　　　　　　　第一一八条

老人福祉法は、高齢者の福祉の増進等を目的とする法律であり、高齢者福祉における制度や社会資源のあり方を規定する高齢者福祉の基本法と位置付けられている。

老人福祉法は社会福祉六法の一つとして、昭和三八年に制定された。

同法第一条では、その目的として「老人の福祉に関する原理を明らかにするとともに、老人に対し、その心身の健康の保持及び生活の安定のために必要な措置を講じ、もつて老人の福祉を図ること」と規定している。

老人福祉法の成立以前は、高齢者福祉といえば、生活保護法や国民年金法に基づいて実施されるもので、金銭的な援助のほかは、入所施設としては養老院のみが存在していた。本法が成立し、養老院は養護老人ホームとして受け継がれ、新たに特別養護老人ホーム、軽費老人ホームが設けられ、全国各地に各種老人ホームが設けられるようになった。また、ホームヘルプも、本法が制定されてから根付いていくこととなった。

昭和五七年には、高齢者の保健医療領域を専門分化させた法律として、国会で老人保健法が可決・成立し、これが後に後期高齢者医療制度を規定する高齢者の医療の確保に関する法律へと全面改正された。また、平成九年に、介護領域を専門分化させた法律として介護保険法が制定され、同法に基づいて、介護保険制度がスタートした。

なお、介護保険法に基づいて市町村が策定する市町村介護保険事業計画は老人福祉法の規定する市町村老人福祉計画と、都道府県が策定する都道府県介護保険事業支援計画は老人福祉法の規定する都道府県老人福祉計画と、それぞれ一体のものとして作成することが求められている。

重層的支援体制整備事業

参照
・社会福祉法　第一〇六条の四
　～第一〇六条一一

　重層的支援体制整備事業は、市町村において、すべての地域住民を対象とする包括的支援の体制整備を行う事業として、令和二年六月一二日に公布された「地域共生社会の実現のための社会福祉法等の一部を改正する法律」による社会福祉法の改正により、同法に規定された。

　わが国においては、これまでの福祉制度・政策と、人々の生活そのものや生活を送る中で直面する困難・生きづらさの多様性・複雑性から現れる支援ニーズとの間にギャップが生じており、子ども・障害者・高齢者・生活困窮者といった対象者ごとの支援体制だけでは、人びとがもつ様々なニーズへの対応が困難になっていた。

　その一方で、地域には、人と人とのつながりや参加の機会を生み育む多様な活動を通して、これまでの共同体とは異なる新たな縁が生まれ、参加する人たちの興味や関心から活動が始まり、それが広がったり横につながったりしながら、関係性が豊かなコミュニティを生んでいる活動もある。

　このような社会の変化に伴って生じている課題と、これからの可能性の両方に目を向けた上で、厚生労働省が設計したのが本事業である。

　市町村は、地域生活課題の解決に資する包括的な支援体制を整備するため、重層的支援体制整備事業を行うことができるとされる。そして、重層的支援体制整備事業は、①包括的相談支援事業、②参加支援事業、③地域づくり事業、④アウトリーチ等を通じた継続的支援事業、⑤多機関共同事業及び他の法律に基づく事業を一体のものとして実施することにより、地域生活課題を抱える地域住民とその世帯に対する支援体制や、地域住民等による地域福祉の推進のため、必要な環境を一体的かつ重層的に整備する事業とされる。この中で①から③を一体的に実施することは必須とされ、また、④以降はそれを支えるための事業とされている。それぞれの事業は、個々に独立して機能するものではなく、一体的に展開することで一層の効果が出ると考えられている。

　市町村は、本事業を適切かつ効果的に実施するため、「重層的支援体制整備事業実施計画」を策定するよう努めることとされる。策定過程を通じて、市町村が住民や関係者・関係機関との意見交換等を重ね、事業実施の理念や目指すべき方向性について、共通認識を醸成することが望まれている。

　財政支援は、本事業を実施する市町村に対して交付金が一体的に交付され、意欲的な自治体が創意工夫のある取組を柔軟に実施することや、各支援機関が従来の対象者を超えて支援を行うことが可能となっている。

社会福祉連携推進法人

参照
・社会福祉法　第一一章

社会福祉連携推進法人は、社会福祉事業に取り組む社会福祉法人やNPO法人等を社員として、相互の業務連携を推進する一般社団法人である。

人口減少や急激な高齢化、地域社会の脆弱化等の社会構造が変化し、国民の抱える福祉ニーズの多様化・複雑化が進み、また、生産年齢人口の減少による人手不足などの問題がさらに深刻化する恐れがある中、社会福祉法人の事業展開等のあり方について検討を行うため、平成三一年四月から開催された「社会福祉法人の事業展開等に関する検討会」の議論を受け、令和三年四月一日の地域共生社会の実現のための社会福祉法等の一部を改正する法律の施行に伴い創設されたものである。

その設立の主たる目的は、①社員の社会福祉に係る業務の連携を推進し、並びに②地域における良質かつ適切な福祉サービスの提供及び③社会福祉法人の経営基盤の強化に資することとされる。

二つ以上の社会福祉法人等の法人が社員として参画し、その創意工夫による多様な取組を通じて、地域福祉の充実、災害対応力の強化、福祉サービス事業に係る経営の効率化、人材の確保・育成等を推進するものであり、同じ目的意識をもつ法人が個々の自主性を保ちながら連携することで、規模の大きさを活かした法人運営が可能になると考えられている。

社会福祉連携推進法人の認定の申請は、社会福祉連携推進業務を行おうとする一般社団法人が、所轄庁に対して行う。所轄庁は、当該法人が、その設立の目的が、前出の目的に合致していることなど一定の基準に適合すると認めるときは、社会福祉連携推進認定をすることができるとされる。

運営にあたっては、社会福祉連携推進区域（業務の実施地域。実施地域の範囲に制約なし）を定め、社会福祉連携推進方針、（区域内の連携推進のための方針）を決定・公表し、社会福祉連携推進業務を実施する。その業務の内容は、①地域福祉支援業務、②災害時支援業務、③経営支援業務、④貸付業務、⑤人材確保等業務、⑥物資等供給業務の中から全部又は一部を選択して実施するとされる。

具体的には、例えば、①地域福祉支援業務については、ひきこもり、八〇五〇問題、買い物難民等といった地域住民の生活課題を把握するためのニーズ調査を実施し、その結果を踏まえた新たな取組の企画立案、支援ノウハウの提供などがある。また、例えば、③経営支援業務については、社員の「小規模なため、事務処理体制を効率化したい」といった声に対して、助言をしたり、財務会計の専門家に、社員に対するコンサルティングを依頼したりすることなどが挙げられる。

地域福祉支援業務のイメージ

○ 社会福祉連携推進法人が社会福祉連携推進業務として行う「地域福祉の推進に係る取組を社員が共同して行うための支援」は、
・地域住民の生活課題を把握するためのニーズ調査の実施
・ニーズ調査の結果を踏まえた新たな取組の企画立案、支援ノウハウの提供
・取組の実施状況の把握・分析
・地域住民に対する取組の周知・広報
・社員が地域の他の機関と協働を図るための調整
等の業務が該当する。

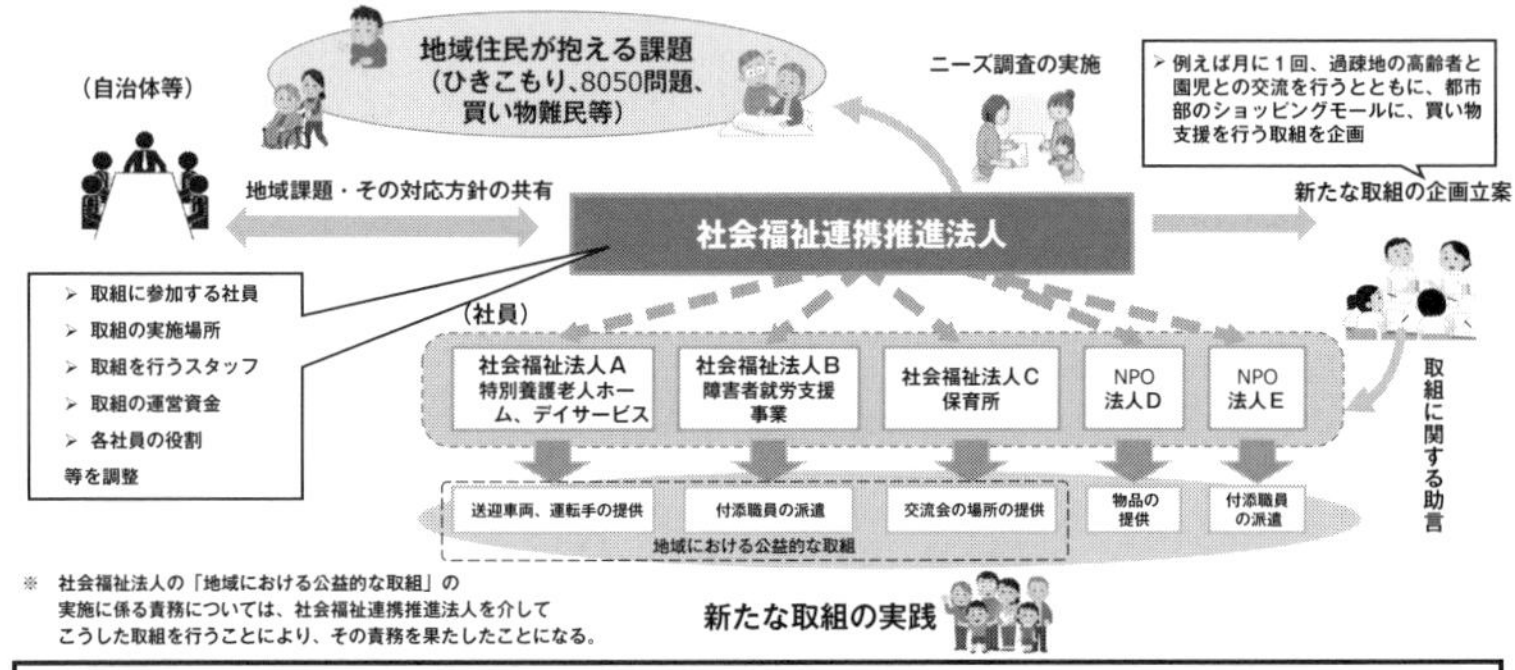

社会福祉連携推進法人の社員による新たな取組の実践により、地域福祉の充実に繋がる

※　地域の福祉ニーズを踏まえつつ、社会福祉連携推進法人が社員である社会福祉法人等を支援する一環で、制度として確立され、定型化・定着している社会福祉事業を除き、社会福祉関係の福祉サービスを行う場合については、以下の要件をいずれも満たせば、地域福祉支援業務に該当することとする。
　ア　社会福祉連携推進法人と社員の両方が当該福祉サービスを提供していること
　イ　社会福祉連携推進法人から社員へのノウハウの移転等を主たる目的とするなど、社会福祉連携推進法人が福祉サービスを実施することが社員への支援にあたること
※　上記に該当する場合であっても、社員である法人の経営に影響を及ぼすことのないよう、社会福祉連携推進法人が多額の設備投資等を必要とする有料老人ホームやサービス付き高齢者住宅等の入居系施設を運営することは、地域福祉支援業務には該当しないものとする。

高齢者の保健事業と介護予防の一体的な実施

参照
・高齢者の保健事業と介護予防の一体的な実施について（厚労省資料）
・高齢者の特性を踏まえた保健事業ガイドライン

高齢者の保健事業と介護予防の一体的な実施は、後期高齢者の保健事業について、市町村において、介護保険の地域支援事業や国民健康保険の保健事業と一体的に実施できるとしたものである。令和二年四月一日に施行された医療保険制度の適正かつ効率的な運営を図るための健康保険法等の一部を改正する法律による、高齢者医療確保法、国保法、介護保険法の改正により、国、後期高齢者医療広域連合、市町村の役割等が定められ、市町村等において各高齢者の医療・健診・介護情報等を一括して把握できるよう規定の整備が行われた上で、開始された。

わが国の医療保険制度においては、七五歳に到達すると、それまで加入していた国民健康保険制度等から、後期高齢者医療制度の被保険者となる。この結果、保健事業の実施主体についても市町村等から後期高齢者医療広域連合に移ることとなり、七四歳までの国民健康保険保健事業と七五歳以降の高齢者保健事業とが適切に継続されないという課題が見られていた。

また、高齢者は複数の慢性疾患に加え、認知機能や社会的なつながりが低下するといった、いわゆるフレイル状態になりやすい等、疾病予防と生活機能維持の両面にわたるニーズを有している。しかしながら、高齢者保健事業は後期高齢者医療広域連合が主体となって実施し、介護予防の取組は市町村が主体となって実施しているため、健康状況や生活機能の課題に一体的に対応できていないという課題もあった。

このような課題について、市町村は、市民に身近な立場から高齢者の心身の特性に応じてきめ細かな住民サービスを提供することができ、介護保険や国民健康保険の保険者として保健事業や介護予防についてもノウハウを有していること等から、個々の事業についても市町村が実施できるように法整備が行われたものである。

市町村は、一体的実施に係る事業の基本的な方針を作成し、介護保険の地域支援事業・国保の保健事業との一体的な取組を実施する。そして、広域連合に被保険者の医療情報等の提供を求めることができ、地域ケア会議等も活用していく。

広域連合は、広域計画に市町村との連携内容を規定した上で、市町村に実施を委託する。また、データヘルス計画に事業の方向性を整理し、専門職の人件費等の費用を交付する。

国は、保健事業の指針において、一体的実施の方向性を明示し、具体的な支援メニューをガイドライン等で提示する。また、特別調整交付金を交付し、先進事例に係る支援も行う。

高齢者の保健事業と介護予防の一体的な実施
（市町村における実施のイメージ図）

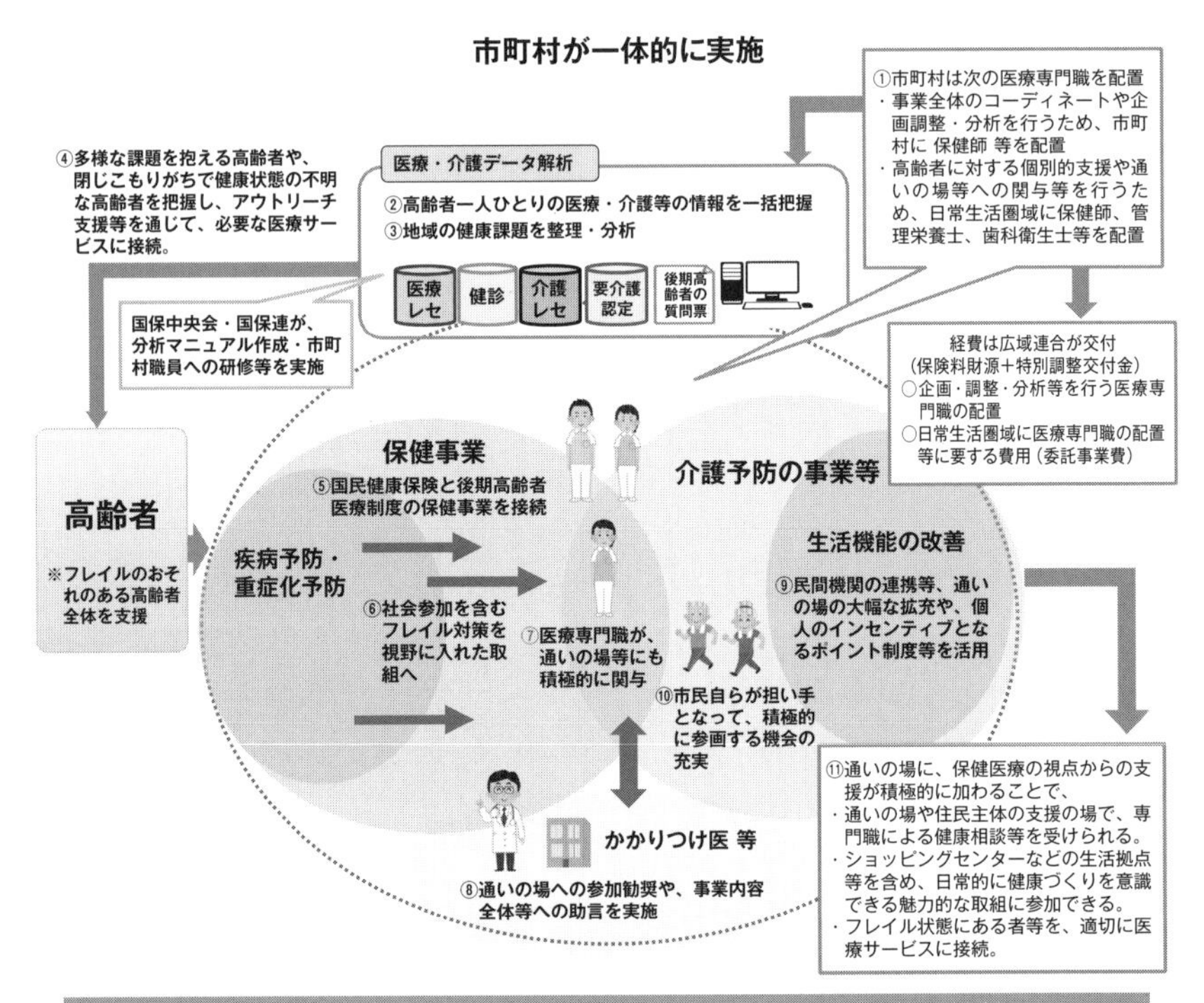

インセンティブ交付金

参照
・介護保険法　第一二二条の三
・算定政令　第一条の四

国は、平成二九年に成立した地域包括ケア強化法による介護保険法の一部改正によって、高齢者の自立支援・重度化防止等に向けた保険者の取組や都道府県による保険者支援の取組が全国で実施されるようＰＤＣＡサイクルによる取組を制度化した。

同時に、この取組を推進するため、地方自治体への財政的インセンティブとして、平成三〇年度より、市町村や都道府県の様々な取組の達成状況を評価できるよう客観的な指標を設定し、その結果に基づいて「保険者機能強化推進交付金」を交付している。

さらに、令和二年度には、介護予防への取組をより一層推進するため、保険者機能強化推進交付金に加え、「介護保険保険者努力支援交付金」（社会保障の充実分）を創設し、介護予防・健康づくり等に資する取組を重点的に評価することにより配分基準のメリハリ付けを強化した。

この二つの交付金を合わせて「インセンティブ交付金」と呼んでいる。

このインセンティブ交付金には「市町村分」と「都道府県分」があり、市町村分は各市町村が行う自立支援・重度化防止の取組に対して、都道府県分は各都道府県が行う市町村に対する取組の支援に対して、それぞれ評価指標の達成状況（評価指標の総合得点）に応じて交付される。

評価指標の内容は、目的ごとに、次のように分類される。

① ＰＤＣＡサイクルの活用による保険者機能の強化
② ケアマネジメントの質の向上
③ 多職種連携による地域ケア会議の活性化
④ 介護予防の推進
⑤ 介護給付適正化事業の推進
⑥ 要介護状態の維持・改善の度合い

インセンティブ交付金のうち、市町村分は、国、都道府県、市町村及び第二号保険料の法定負担割合に加えて介護保険特別会計に充当され、各保険者は地域支援事業、市町村特別給付、保健福祉事業を充実し、高齢者の自立支援、重度化防止、介護予防等に必要な取組を進めていくために活用することが重要とされる。

他方、都道府県分は、高齢者の自立支援・重度化防止等に向けて市町村を支援する各種事業（市町村に対する研修事業や、リハビリ専門職等の派遣事業等）の事業費に充当されることとなる。

医療介護総合確保推進法

参照
・地域における医療及び介護の総合的な確保を推進するための関係法律の整備等に関する法律（医療介護総合確保推進法）

「地域における医療及び介護の総合的な確保を推進するための関係法律の整備等に関する法律（医療介護総合確保推進法）」は、効率的かつ質の高い医療提供体制を構築するとともに、地域包括ケアシステムを構築することを通じ、地域における医療及び介護の総合的な確保を推進するため、医療法、介護保険法等の関係法律について所要の整備等を行う法律であり、平成二六年に制定された。

介護保険法については、地域包括ケアシステムの構築と費用負担の公平化を図るため、以下の改正が行われた。

①　在宅医療・介護連携の推進などの地域支援事業の充実とあわせ、全国一律の予防給付（訪問介護・通所介護）を地域支援事業に移行し、多様化
②　特別養護老人ホームについて、在宅での生活が困難な中重度の要介護者を支える機能に重点化
③　低所得者の保険料軽減を拡充
④　一定以上の所得のある利用者の自己負担を二割へ引上げ（ただし、月額上限あり）
⑤　低所得の施設利用者の食費・居住費を補填する「補足給付」の要件に資産などを追加

また、本法によって、従前の「地域における公的介護施設等の計画的な整備等の促進に関する法律」の法律名は「地域における医療及び介護の総合的な確保の促進に関する法律」に改正され、あわせてその目的においても「地域において効率的かつ質の高い医療提供体制を構築するとともに地域包括ケアシステムを構築することを通じ、地域における医療及び介護の総合的な確保を促進する措置を講じる」旨が明記された。

同法においては、地域包括ケアシステムを「地域の実情に応じて、高齢者が、可能な限り、住み慣れた地域でその有する能力に応じ自立した日常生活を営むことができるよう、医療、介護、介護予防、住まい及び自立した日常生活の支援が包括的に確保される体制」であると定義づけるとともに、厚生労働大臣が地域における医療及び介護を総合的に確保するための基本的な方針である「総合確保方針」を策定すること、都道府県や市町村はこの総合確保方針に即してそれぞれ都道府県計画や市町村計画を定めることができること、都道府県計画等に定められた事業の実施のために都道府県に基金を設置することなどが定められている。

地域医療介護総合確保基金

参照
・地域における医療及び介護の総合的な確保の促進に関する法律
第四条、第六条

我が国では、団塊の世代（昭和二二年～昭和二四年生まれ）が全員七五歳以上となる令和七年（二〇二五年）を展望し、「効率的かつ質の高い医療提供体制の構築」と「地域包括ケアシステムの構築」が急務の課題とされている。そのため、地域における医療及び介護の総合的な確保の促進に関する法律第四条では、都道府県は、国が定める総合確保方針に即して、かつ、地域の実情に応じて、当該都道府県における医療及び介護の総合的な確保のための事業の実施に関する計画である「都道府県計画」を作成できることとしている。

そして、この計画において定める医療介護総合確保区域ごとの医療及び介護の総合的な確保に関する目標を達成するために必要な事業に要する経費の全部又は一部を支弁するため、同法第六条に基づき、都道府県は「地域医療介護総合確保基金」を設置することとされた。この措置は、平成二六年度の消費税引上げに伴う増収分等を活用した財政支援制度として、同年度から実施されており、国は、原則としてその財源に充てるために必要な資金の三分の二を負担するものとされている。

この基金が対象としている事業には、以下のものがある。

① 地域医療構想の達成に向けた医療機関の施設又は設備の整備に関する事業
② 地域医療構想の達成に向けた病床の機能又は病床数の変更に関する事業
③ 居宅等における医療の提供に関する事業
④ 介護施設等の整備に関する事業（地域密着型サービス等）
⑤ 医療従事者の確保に関する事業
⑥ 介護従事者の確保に関する事業
⑦ 勤務医の労働時間短縮に向けた体制の整備に関する事業

介護ＤＸ

参照
・「データヘルス改革に関する工程表について」「財政運営と改革の基本方針二〇二二」「地方公共団体情報システムの標準化に関する法律」

経済産業省が策定した「デジタルガバナンスコード・２・０（令和二年一一月九日策定、令和四年九月一三日改訂）」においては、ＤＸは、「企業がビジネス環境の激しい変化に対応し、データとデジタル技術を活用して、顧客や社会のニーズを基に、製品やサービス、ビジネスモデルを変革するとともに、業務そのものや、組織、プロセス、企業文化・風土を変革し、競争上の優位性を確立すること」と定義されている。

近年、介護の分野でも、ＤＸは鋭意進められており、例えば、厚生労働省が推進しているデータヘルス改革の枠組みでは、利用者自身が介護情報を閲覧できる仕組みが、令和六年度以降に順次開始される予定である。また、これとともに、介護事業所間において、介護情報を共有することを可能にするためのシステム開発が、同じく令和六年度以降に行われる予定である。

また、科学的介護を推進するための方策の一つとして、科学的介護情報システム（ＬＩＦＥ）を開発・運用し、利用者ごとの介護情報収集の取組が進められている。

さらに、令和四年度の財政運営と改革の基本方針（いわゆる骨太方針）では、「介護を含む医療全般にわたる情報について共有・交換できる全国的なプラットフォームである「全国医療情報プラットフォーム」の創設の取組を行政と関係業界が一丸となって進めるとともに、医療情報の利活用について法制上の措置等を講ずること」が掲げられている。

そのための介護情報基盤として、現状、事業所や地方自治体等に分散し、利用者自身の閲覧、介護事業所間の共有、介護・医療間の共有が電子的に可能になっていない利用者に関する介護情報（被保険者情報、介護レセプト情報、要介護認定情報、ＬＩＦＥ情報等）を、顕名で一元的に集約し、地方自治体・利用者・介護事業所・医療機関等が電子的に閲覧できる環境を整えることが求められている。

また、地方自治体の情報システムについては、令和三年に、「地方公共団体情報システムの標準化に関する法律」が施行され、地方自治体に対し、介護保険事務を含む対象事務について、標準化の基準に適合した情報システム（標準準拠システム）の利用が義務付けられ、令和七年度までに、標準準拠システムへの円滑な移行を目指すこととされている。

障害者総合支援法

参照
・障害者の日常生活及び社会生活を総合的に支援するための法律

「障害者の日常生活及び社会生活を総合的に支援するための法律（障害者総合支援法）」は、地域社会における共生の実現に向けて、障害福祉サービスの充実等障害者の日常生活及び社会生活を総合的に支援するため、新たな障害保健福祉施策を講ずることを趣旨として、平成二四年にこれまでの「障害者自立支援法」を改正する形で制定された。

この法律の目的について、第一条では、「障害者及び障害児の福祉に関する法律と相まって、障害者及び障害児が基本的人権を享有する個人としての尊厳にふさわしい日常生活又は社会生活を営むことができるよう、必要な障害福祉サービスに係る給付、地域生活支援事業その他の支援を総合的に行い、もって障害者及び障害児の福祉の増進を図るとともに、障害の有無にかかわらず国民が相互に人格と個性を尊重し安心して暮らすことのできる地域社会の実現に寄与すること」と規定されている。

この法律に基づき、障害福祉サービスに係る給付として、「自立支援給付」が行われているが、この自立支援給付とは、介護給付費、特例介護給付費、訓練等給付費、特例訓練等給付費、特定障害者特別給付費、特例特定障害者特別給付費、地域相談支援給付費、特例地域相談支援給付費、計画相談支援給付費、特例計画相談支援給付費、自立支援医療費、療養介護医療費、基準該当療養介護医療費、補装具費及び高額障害福祉サービス等給付費の支給とされている。

また、「地域生活支援事業」とは、移動支援事業、日常生活用具給付等事業、意思疎通支援事業、相談支援事業、地域活動支援センター機能強化事業、日中一時支援等、障害者及び障害児が基本的人権を享受する個人としての尊厳にふさわしい日常生活又は社会生活を営むことができるよう、市町村等が実施主体となり、地域の特性や利用者の状況に応じ、柔軟な形態により計画的に実施する事業とされている。

市町村は、自立支援給付及び地域生活支援事業を総合的かつ計画的に行うこととされている。また、都道府県は、市町村に対する必要な助言、情報の提供その他の援助を行うこととされている。

なお、自立支援給付と介護保険の給付との関係でいえば、当該障害の状態につき、介護保険法の規定による介護給付・地域支援事業等の他法令に基づく給付・事業であって、政令で定めるもののうち、自立支援給付に相当するものを受けたときは、その限度において、行わないこととされている。

生活困窮者自立支援法

参照
・生活困窮者自立支援法

「生活困窮者自立支援法」は、平成二五年一二月に成立し、平成二七年四月から施行された法律であり、その目的は、第一条において「生活困窮者自立相談支援事業の実施、生活困窮者住居確保給付金の支給その他の生活困窮者に対する自立の支援に関する措置を講ずることにより、生活困窮者の自立の促進を図ること」と規定されている。

この法律が成立した背景には、非正規雇用労働者や年収二〇〇万円以下の給与所得者、ニート、引きこもりなど生活保護に至る可能性のある者の増加等が挙げられている。こうした層の増加を踏まえ、生活保護に至る前の自立支援策の強化を図るとともに、生活保護から脱却した人が再び生活保護に頼ることのないようにすることが必要とされ、生活保護制度の見直しと生活困窮者対策の一体実施が不可欠とされた。

生活困窮者自立支援制度においては、福祉事務所を設置する自治体において、必ず実施しなければならない「必須事業」と、実施するか否かを地方自治体で判断できる「任意事業」がある。

必須事業には、就労その他の自立に関する相談支援、事業利用のためのプラン作成等を実施する「自律相談支援事業」と離職により住宅を失った生活困窮者等に対し家賃相当の給付金を支給する「住居確保給付金」がある。

任意事業には、就労に必要な訓練を日常生活自立、社会生活自立段階から有期で実施する「就労準備支援事業」、住居のない生活困窮者に対して一定期間宿泊場所や衣食の提供等を行う「一時生活支援事業」、家計に関する相談、家計管理に関する指導、貸付のあっせん等を行う「家計改善支援事業」、生活困窮家庭の子どもへの学習支援を行う「学習支援事業」等がある。

認知症の人と家族への一体的支援事業

参照
・「地域支援事業の実施について」の一部改正について（老発〇三二八第一号　令和四年三月二八日）

「認知症の人と家族への一体的支援事業」とは、認知症の人とその家族が、より良い関係性を保ちつつ、希望する在宅生活を継続できるよう、公共スペースや既存施設等を活用して本人と家族が共に活動する時間と場所を設け、本人支援、家族支援及び一体的支援からなる一連のプログラムを実施する事業である。

本事業は、本人の意欲向上及び家族の介護負担感の軽減と家族関係の再構築等を図ることを目的とするものであり、令和四年度に創設された。

具体的なプログラムの内容としては、例えば、①認知症の人（本人）の希望に基づく主体的なアクティビティの実施や本人同士が語り合う本人支援、②家族同士が専門家等と語り合うことで、心理的支援と情報提供などの教育的支援を行う家族支援、③認知症の人と家族が共に活動する時間を設け、他の家族や地域との交流を行う一体的支援を一連の活動として行うことにより、スタッフが仲介役となり、認知症の人と家族の思いをつなぎ、ともに気付き合う場を提供し、在宅生活の継続を支援するといったものが挙げられる。

本事業は、認知症地域支援推進員が企画・調整を行い、実情に応じて市町村が直営、あるいは運営事業者に委託・補助を行うことで実施される。また、実施場所としては認知症カフェ、地域包括支援センター、地域密着型サービス事業所等の既存施設等が、運営スタッフとしては専門職やボランティア等が想定されている。

本事業の効果としては、①本人支援によって認知症の人たちには自信が生まれる、主体的な行動を取るようになる、新たな役割を創出するといったことが、②家族支援によって家族たちには介護負担感が軽減される、介護を肯定的に評価する機会を得るといったことが、③一体的支援によって認知症の人と家族には家族関係の気付きとなる、新たな出会いとなる、お互いの学びとなるといったことが期待されている。

開催は、一カ月に一～二回程度、本人と家族が一組になって二組以上で実施することとされ、プログラム実施による満足度、効果等を市町村へ報告することとされている。

なお、認知症介護情報ネットワーク（ＤＣｎｅｔ）において、手引きや事例を紹介している。

地域づくり加速化事業

地域づくり加速化事業とは、団塊世代（昭和二二年～昭和二四年生まれ）が全員七五歳以上となる令和七年（二〇二五年）に向け、各市町村が地域づくりに係る課題を計画的に解消して地域包括ケアの推進を図るため、令和四年度予算において創設されたものである。

本事業では、

(1)　市町村の地域づくりに向けた支援パッケージ（市町村の置かれている状況や段階に応じて想定される支援内容を類型化したもの）を活用し、

(2)　有識者等による研修（全国・ブロック別）を実施するとともに、

(3)　課題を抱える自治体等への伴走支援を行うことにより、自らＰＤＣＡの視点をもって地域づくりを進める地方自治体を増加させることを目指している。

このうち「伴走支援」については、地域のあるべき姿について関係者間で共有できていない地方自治体や従前相当のサービスが多いなど総合事業の取組に課題を抱える地方自治体、市町村を越えた広域的対応に挑戦する地方自治体などを対象とし、地域が抱える様々な課題や実情に応じ、有識者等が課題解決に向けた、きめ細かな支援を複数回（三回程度を予定）実施することで、地域づくりの加速化を図るものである。

また、対象市町村の選定においては、伴走支援の活用を自ら要望する市町村だけでなく、これまで地域づくりの取組に積極的でなかった市町村に対してプッシュ型の支援を行うことを通じて、取組が停滞している市町村の底上げも目指すこととしている。

なお、本事業の実施にあたっては、都道府県や地方厚生（支）局の協力と参画が求められている。

〈事業イメージ〉

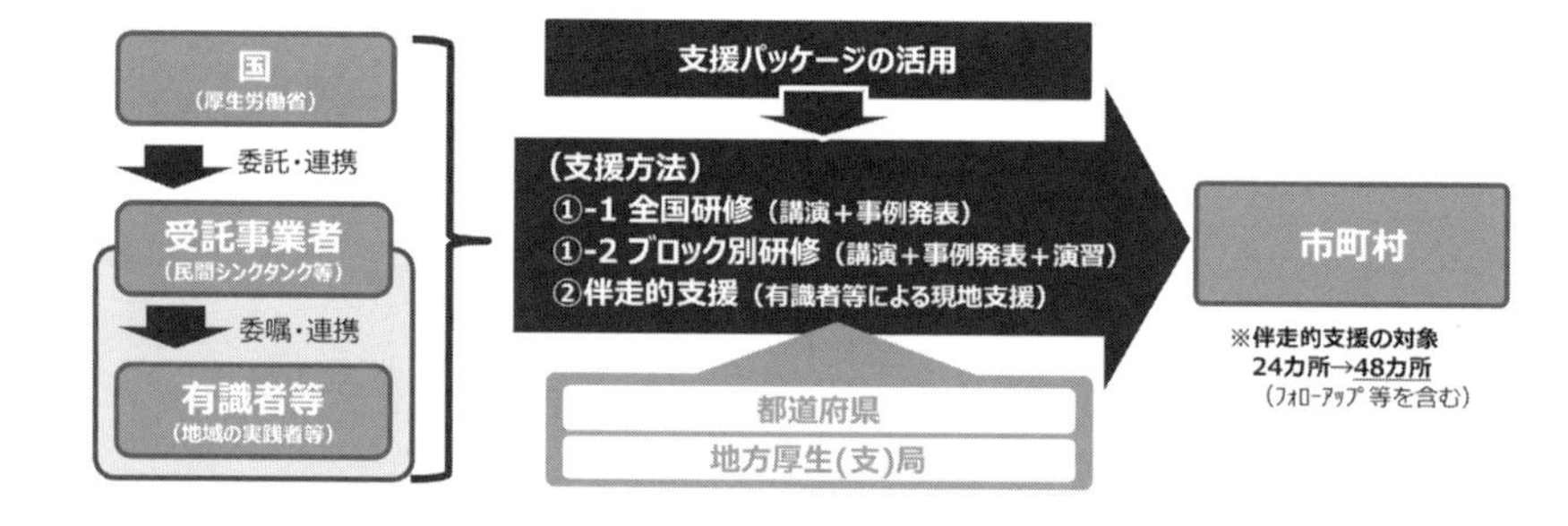

認知症伴走型支援事業

参照
・伴走型相談支援マニュアル ～認知症高齢者グループホームで「認知症伴走型支援事業」に取り組むために～

「認知症伴走型支援事業」とは認知症の人や家族への継続的な支援について、よりきめ細かに対応し、介護者の負担軽減につながるよう、本人や家族に対して日常的・継続的な支援を提供するための拠点を整備する事業である。

認知症は誰もがなり得るものであり、多くの人にとって身近なものとなっている。その中で認知症が進行するいずれの過程においても、認知症の人が住み慣れた地域で暮らし続けることができるとともに、地域の一員として、自身にあった方法で社会に参加し続けられることが必要とされている。

その一方で、身近な地域で早い段階から認知症について相談でき、また、認知症の経過に伴って生じる生活上の諸課題についても認知症に精通した人々が継続して対応することにより、理解を促しながら適切な情報を提供し、症状に合わせた対応の工夫や生活環境の改善、家族関係の調整に向けた助言などの相談支援ができるような体制が求められている。

このため、本事業では、市町村が、認知症高齢者グループホーム（認知症対応型共同生活介護）や特別養護老人ホーム、小規模多機能型居宅介護など地域の既存資源を活用して、高齢者本人の生きがいにつながるような支援や、専門職ならではの日常生活上の工夫等の助言、効果的な介護方法や介護に対する不安の解消など家族の精神的・身体的負担軽減に資する助言等を継続的に行う『伴走型の支援拠点』を整備した際に、必要となる人件費や間接経費を助成することとしている。

〈事業実施イメージ〉

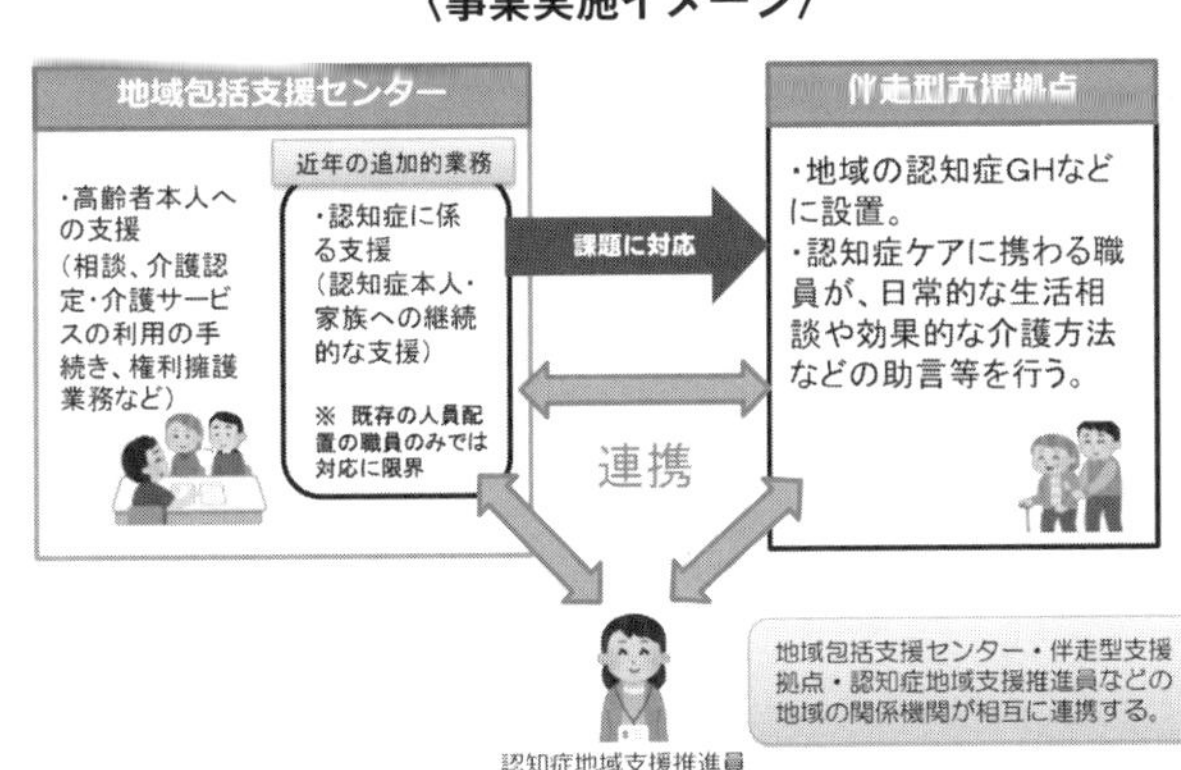

共生社会の実現を推進するための認知症基本法

> **参照**
> ・共生社会の実現を推進するための認知症基本法

認知症の人が尊厳を保持しつつ希望を持って暮らすことができるよう、認知症施策を総合的かつ計画的に推進し、認知症の人を含めた国民一人一人がその個性と能力を十分に発揮し、相互に人格と個性を尊重しつつ支え合いながら共生する活力ある社会（＝共生社会）の実現を推進することを目的に制定された法律である。令和五年六月一六日公布、令和六年一月一日施行。

同法第三条では、認知症施策の基本理念が定められており、その中では全ての認知症の人が自らの意思によって日常生活・社会生活を営むことができるようにすること、国民が認知症に関する知識及び認知症の人に関する理解を深めることができるようにすること、全ての認知症の人が地域において安全・安心に自立した日常生活を営むことができるとともに個性と能力を十分に発揮することができるようにすること、良質かつ適切な保険医療・福祉サービスが切れ目なく提供されることなどが掲げられている。

また、国は認知症施策を総合的かつ計画的に策定し、実施する責務を有すること、地方公共団体は、国との適切な役割分担を踏まえて、地域の状況に応じた認知症施策を総合的かつ計画的に策定し実施する責任を有することを定めている。

また、国民の責任として、認知症に関する正しい知識及び認知症の人に関する正しい理解を深め、共生社会の実現に寄与するよう努めなければならないことが掲げられている。

また、政府は「認知症施策推進基本計画（基本計画）」を策定しなければならないこととし、都道府県は、基本計画を基本とし「都道府県認知症施策推進計画」を、市町村は「市町村認知症施策推進計画」を策定するよう努めなければならないとしている。

また、基本的施策として、認知症の人に関する国民の理解の増進等、認知症の人の生活におけるバリアフリー化の推進、認知症の人の社会参加の機会の確保等、認知症の人の意思決定の支援及び権利利益の保護、保健医療サービス及び福祉サービスの提供体制の整備等、相談体制の整備等、研究等の推進等、認知症の予防等、認知症施策の策定に必要な調査の実施、多様な主体の連携、地方公共団体に対する支援、国際協力を掲げている。

内閣には、認知症施策推進本部（本部）が置かれ、本部は、基本計画案の作成等の事務をつかさどることとされる。本部には認知症施策推進関係者会議（関係者会議）が置かれ、本部は基本計画の案を作成しようとする時は、関係者会議の意見を聞かなければならないこととされる。

在宅医療・介護連携推進支援事業

参照
・介護保険法　第一一五条の四五

市区町村が中心となって、在宅医療・介護を一体的に提供できる体制を構築するため地域の関係機関の連携体制の構築を推進する事業である。

医療と介護の複合ニーズは、今後一層高まると考えられる。要介護認定率は、年齢が上がるにつれ上昇し、特に八五歳以上で上昇する。二〇二五年以降、後期高齢者の増加は緩やかとなるが、八五歳以上の人口は、二〇四〇年に向けて、引き続き、増加が見込まれており、医療と介護の複合ニーズを持つ者は一層多くなることが見込まれている。

医療と介護の両方を必要とする状態の高齢者が、住み慣れた地域で自分らしい暮らしを続けることができるよう、地域における医療・介護の関係機関が連携して、包括的かつ継続的な在宅医療・介護を提供することが重要とされている。

このため、関係機関が連携し、多職種共同により在宅医療・介護を、一体的に提供できる体制を構築するため、都道府県・保健所の支援の下、市区町村が中心となって、地域の医師会等と緊密に連携しながら、地域の関係機関の連携体制の構築を推進する。

在宅医療を支える関係機関としては、次の例が挙げられる。

・診療所・在宅療養支援診療所・歯科診療所等（定期的な訪問診療等の実施）
・病院・在宅療養支援病院・診療所（有床診療所）等（急変時の診療・一時的な入院の受入れの実施）
・訪問看護事業所、薬局（医療機関と連携し、服薬管理や点滴・褥瘡処置等の医療処置、看取りケアの実施等）
・介護施設・事業所（入浴、排せつ、食事等の介護、リハビリテーション、在宅復帰、在宅療養支援等の実施）

在宅医療・介護連携の推進については、平成二三年度から医政局施策として実施し、一定の成果を得られたことを踏まえ、平成二六年介護保険法改正により、市町村が実施主体である地域支援事業に位置づけられ、平成二七年より順次、市町村において事業が開始された。本事業の円滑な実施のために「在宅医療・介護連携推進事業の手引き（以下「手引き」）」が作成され、平成二七年に周知された。

平成二九年介護保険法改正においては、都道府県による市町村支援の役割が明確化され、手引きが改訂、平成三〇年四月以降、全ての市町村において実施されるようになった。令和二年介護保険法改正においては、切れ目のない在宅医療と介護の提供体制を構築するため、地域の実情に応じ、取組内容の充実を図りつつＰＣＤＡサイクルに沿った取り組みを継続的に行うことによって目指す姿の実現がなされるよう省令や手引きが見直された。

索引

ア

カ

サ

タ